# SPORTKARTEI 5.-10.

K. BINDER/W. THIELSCHER/J. RODE

# BAND VII FITNESSÜBUNGEN



ISBN 3-89291-**850**-3

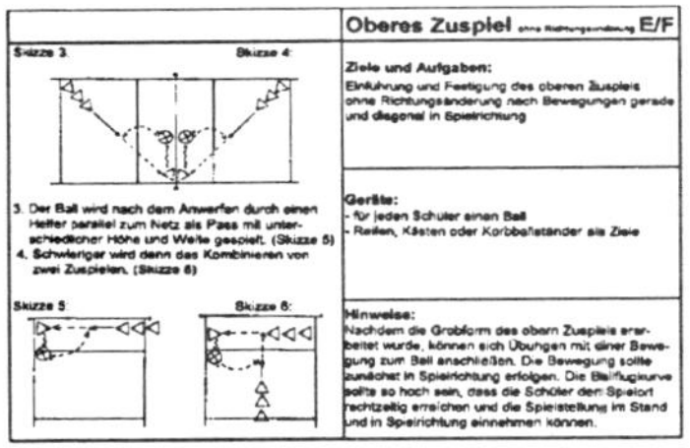


## Inhaltsübersicht:

Funktionen und Aufbau der Sportkartei Volleyball für die Klassen 5-10, Arbeiten mit den Karten im Sportunterricht, Zeichen- und Begriffserklärung

**I. Einführung in das Sportspiel und Wichtiges aus dem Regelwerk**
Regelbestimmungen bei Spielen der „Deutschen Volleyballjugend", Das Sportspiel Volleyball, Wichtige Spielregeln, Das Spielfeld und Schiedsrichterzeichen

**II. Oberes Zuspiel ohne Richtungsänderung**
**Kopiervorlagen für Volleyballfelder**
Vorübungen, Methodisches Vorgehen, Spielformen und kleine Spiele

**III. Spiele unter erleichterten Bedingungen**
**Aufwärmen beim Volleyball**
Volleyballtennis, Volleyballchinesisch, Wettbewerbsformen

**IV. Oberes Zuspiel mit Richtungsänderung**
Methodisches Vorgehen, Spielformen und Kleine Spiele

**V. Spiele unter erleichterten Bedingungen**
**Urkundenvorschlag für ein Volleyballturnier**
Spielformen, Wettbewerbsformen

**VI. Unteres Zuspiel**
Dehnübungen zur Verbesserung der Beweglichkeit, Methodisches Vorgehen, Spielformen und Kleine Spiele, Komplexübungen

**VII. Aufgabe von unten/oben**
Zirkel zur Verbesserung konditioneller und koordinativer Fähigkeiten, frontal, Tennisaufgabe, Spiel- und Wettbewerbsformen, Komplexübungen

**VIII. Oberes Zuspiel nach hinten**
Methodisches Vorgehen, Spiel- und Wettbewerbsformen, Spiel- und Komplexformen

**IX. Kleinfeldspiele**
Turnierorganisation, Kleinfeldspiele, Vereinfachte Regeln, Minivolleyball, Mannschaftstaktik, Abwehr der Aufgabe, Mannschftstaktik, Abwehr des Angriffs

**X. Angriff**
Angriffszuspiel, im Sprung, Angriffsaufschlag, Methodisches Vorgehen, Finte, Spiel- und Übungsformen, Komplexübungen, Spiele unter erschwerten Bedingungen

**XI. Block - Feldabwehr**
Methodisches Vorgehen, Spiel und Übungsformen, Methodisches Vorgehen, Spielformen und Kleine Spiele, Komplexübungen

**XII. Das Sportspiel Volleyball (Mannschaftstechnik)**
Aufnahme der Aufgabe, Methodisches Vorgehen, Abwehr des Angriffs, Angriffsaufbau und Angriffssicherung

**Sportkartei 5-10 Bd. III**
**Nr. 845** *146 S.* **DM 31,90/ €16,31**

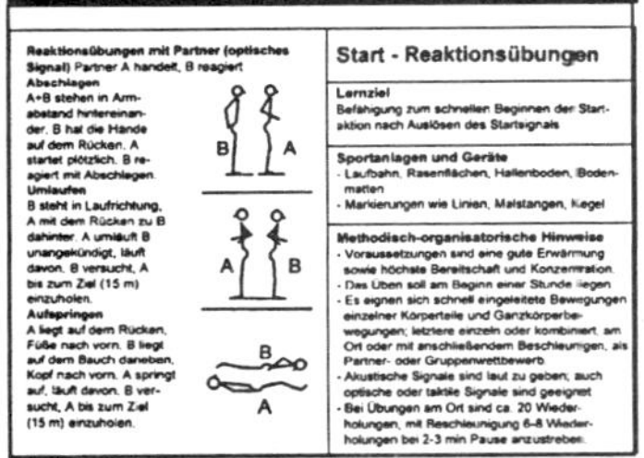


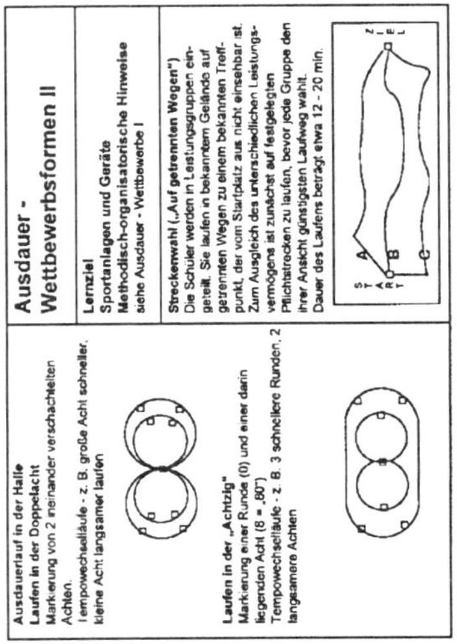


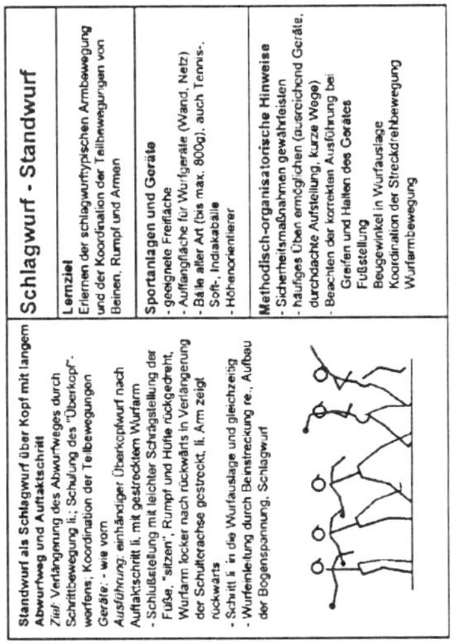


## Inhaltsübersicht:

Funktion und Aufbau der Sportkartei Leichtathletik für die Klassen 5 bis 10

**Sprint, Start, Staffellauf, Ausdauerlauf, Orientierungslauf, Weitsprung, Hochsprung, Stabhochsprung, Dreisprung, Kugelstoß, Schlagwurf, Drehwurf, Mehrkämpfe**

**Sportkartei 5-10 Bd. IV**
**Nr. 848** *192 S.* **DM 36,90/ €18,87**

pb verlag

**Stand der Preise 2001 - Bitte beachten Sie unsere aktuelle Preisliste!**

pb verlag

# Vorwort

Die Sportkartei der Klassen 5-10 besteht aus folgenden Bänden:

| | | |
|---|---|---|
| Band I | Sportspiele | Basketball |
| Band II | Sportspiele | Handball |
| Band III | Sportspiele | Volleyball |
| Band IV | Leichtathletik | |
| Band V | Gerätturnen | |
| Band VI | Gymnastik/Tanz | |
| Band VII | Fitnessübungen | |

Mit dem Band VII der Sportkartei werden ausgewählte Fitnessübungen für den Sportunterricht der Klassen 5 bis 10 vorgestellt.

Die vorliegende Sportkartei gibt Empfehlungen zur Unterrichtsgestaltung mit freizeitrelevanten Fitnessangeboten in der Sekundarstufe I. Ihr liegen theoretische Erkenntnisse und praktische Erfahrungen zugrunde, die von SportlehrerInnen und SportwissenschaftlerInnen in der täglichen Unterrichtsarbeit gewonnen wurden.

Sowohl dem Fachlehrer als auch dem Nichtfachlehrer soll sie Hilfe bei der Planung und Gestaltung eines interessanten, freudvollen und vielseitigen Unterrichts sein.
Die Sportkartei ersetzt keinesfalls die Vorbereitungsarbeiten des Lehrers und seine Kreativität bei der Auseinandersetzung mit den Intentionen der unterschiedlichsten Rahmenpläne. Sie muss in jedem Fall auf die jeweilige Schul- und Klassensituation abgestimmt werden.

In Anlage und Aufbau stellt die vertiefende Sportkartei Fitnessübungen eine nach neuesten sportpädagogisch - methodischen Gesichtspunkten zusammengefügte Lehrauffassung dar.
Die inhaltliche Strukturierung wurde einerseits nach freizeitrelevanten Übungsgruppen, wie

- Kardiopulmonale Fitness
- Körperformung
- Koordination
- Beweglichkeit

vorgenommen und andererseits in Übungsformen ohne Gerät, mit Gerät, am Gerät, Partnerübungen, Spielformen, Übungen an Stationen und Test- und Kontrollübungen untergliedert.

Die Karteikarten können einzeln aus dem Band entnommen und separat aufbewahrt werden. In der Mitte gefaltet lassen sie sich gut im Sportunterricht verwenden.

Die Autoren wünschen Ihnen mit der Sportkartei Fitnessübungen freudbetontes Arbeiten und viel Erfolg im Unterricht.

# Inhaltsverzeichnis

Seite

Vorwort 3

Inhaltsverzeichnis 5

Funktion und Aufbau der Sportkartei Fitnessübungen für die Klassen 5 - 10 7

Zeichenerklärung / Abkürzungen 9

I. Kardiopulmonale Fitness 11
Begriffsklärung 13
Steuerungsvarianten 14
Kleine Spiele 15
Übungen ohne, mit und am Gerät 23
Jogging 27
Kontroll- und Testübungen 31

II. Körperformung 35
Begriffsklärung 37
Steuerungsvarianten 38
Kleine Spiele 39
Partnerübungen 45
Übungen an Stationen 51

| | | |
|---|---|---|
| | Übungen ohne Gerät | 53 |
| | Übungen am Gerät | 57 |
| | Übungen mit Gerät | 61 |
| | Kontroll- und Testübungen | 65 |
| III. | Koordination | 69 |
| | Begriffsklärung | 71 |
| | Steuerungsvarianten | 72 |
| | Kleine Spiele | 73 |
| | Übungen ohne Gerät | 79 |
| | Übungen mit Gerät | 83 |
| | Übungen am Gerät | 87 |
| | Übungen an Stationen | 91 |
| | Kontroll- und Testübungen | 95 |
| IV | Beweglichkeit | 97 |
| | Begriffsklärung | 99 |
| | Steuerungsvarianten | 100 |
| | Übungen zur Beweglichkeitsschulung | 101 |
| | Übungen zur Dehnung | 105 |
| | Übungen zur Entspannung/ Erholung | 111 |
| | Kontroll- und Testübungen | 117 |
| | Hinweise zur Literatur | 119 |


Zeichnungen Jens Franke
Jana Meister

# Funktion und Aufbau der Sportkartei Fitnessübungen für die Klassen 5 - 10

Der Fitness-Sport hat sich, dank seiner Zielstellung: **Förderung der individuellen Leistungsfähigkeit und Entwicklung der gesundheitlichen Balance** im Freizeitbereich erfolgreich etabliert. Er erfreut sich zunehmender Beliebtheit und leistet einen wesentlichen Beitrag zur Gesundheitserziehung.
Dieser Gesundheitswert bietet auch den Ansatz für die Schule allgemein (interdisziplinäre Ausbildung) und für den Schulsport im Besonderen. Aspekte im Fitness- und Gesundheitssport sind z.B.:

- Wahrnehmung der körperlichen Leistungsfähigkeit und ihre Verbesserung,
- Bewusste Gestaltung der individuell angemessenen Belastungsdosierung und Kennenlernen der Steuerungsmechanismen,
- Anspannung und Entspannung erfahren,
- Vermeidung unphysiologischer Belastungen,
- Erkennen von Zusammenhängen zwischen körperlichem Üben, richtiger Ernährung und physiologischen Anpassungsreaktionen.

Sie sind hervorragend geeignet, frühzeitig Kenntnisse und Einstellungen als Voraussetzung für ein lebenslanges Sporttreiben zu entwickeln. Daran haben die einzelnen Fitness-Komponenten unterschiedlichen Anteil.
Als wesentliche Bestandteile des modernen Fitness-Sports im Freizeitbereich haben sich das Kardiopulmonale Training, die Körperformung, Dehnen oder Stretchen, die Koordination und die Beweglichkeit sowie die Entspannung herausgebildet. Diese Komponenten bilden auch das Gliederungsprinzip für das vorliegende Handmaterial.
Wir waren bemüht, das bereits vorhandene Übungsangebot unter Berücksichtigung der Möglichkeiten in der Schule zu sichten und inhaltlich zuzuordnen. Da Körperübungen, besonders im Bereich der Kleinen Spiele, immer komplex wirken, d.h. mehrere Organsysteme ansprechen, war eine eindeutige Zuordnung oft schwierig.

Wir haben uns in diesen Fällen von dem Schwerpunkt der Übungswirkung leiten lassen. Entscheidend für die Richtung des Reizes ist ohnehin die Zielstellung und damit verbunden die Gestaltung der Belastung und der Intensität. Gleiche Übungen können beispielsweise sowohl dem Herz-Kreislauf-Training als auch dem Muskel- oder Nerventraining dienen. An dieser Stelle ist die Kompetenz des Lehrers gefordert. Hilfreich könnten in diesem Zusammenhang die einführenden Karten zur Begriffsbestimmung und zu den Steuerungsmöglichkeiten sein, die auch Hinweise zur Belastungsdosierung enthalten und jedem Kapitel vorangestellt sind.
Die Übungsangebote selbst erheben keinen Anspruch auf Vollständigkeit. Sie haben beispielhaften Charakter, sollen Anregungen geben aber auch Anstöße, nach weiteren Übungen zu suchen. Überhaupt ist es möglich, andere Sportarten oder sportliche Aktivitäten zu erschließen (z.B. Biken, Inline Skating, Skilauf, Schwimmen, Badminton) und die Jugendlichen so auf den Fitness-Sport im Freizeitbereich vorzubereiten.
Die Reihenfolge dieser Kartensammlung ist nicht festgeschrieben. Vielmehr sind die Karten entsprechend der Zielstellung, den Alters- und Leistungsvoraussetzungen und den materiellen Bedingungen in das didaktisch - methodische Unterrichtskonzept zu integrieren. Dabei ist zu berücksichtigen, dass eine Fitness-Stunde immer Übungen zu mehreren Komponenten erhalten soll, wobei Dehnübungen und Übungen zur Kardiopulmonalen Fitness immer enthalten sein sollten.
Auf jeder Karte sind neben der Ziel- und Aufgabenstellung und den benötigten Geräten auch Hinweise enthalten, die ihre Verwendung im Unterricht erleichtern sollen, indem auf Sicherheitsbestimmungen und Besonderheiten bei der Übungsdurchführung verwiesen wird. Die kleine Hand ☞ gibt innerhalb der Übungsgruppen zusätzliche Hinweise. Mit dem Pfeil ↳ weisen wir auf andere Varianten der genannten Übung hin. Am Ende des Kapitels sind Kontroll- und Testübungen aufgeführt, die der Objektivierung des individuellen Leistungsstandes dienen. Bei regelmäßiger Durchführung lassen ihre Ergebnisse Rückschlüsse auf die Wirksamkeit der Ausbildung in den verschiedenen Fitness- Komponenten zu und geben Hinweise auf die weitere Übungsgestaltung. In den Tabellen lassen sich die Testwerte dokumentieren.
Die Karteikarten sind so angelegt, dass sie nach dem Knicken in der Kartenmitte gut verstaut und wie ein kleines Heft gelesen werden können.

# Zeichenerklärung / Abkürzungen

☞ = Hinweis

↳ = Variante

B = Beweglichkeit
RF = Reaktionsfähigkeit
OF = Orientierungsfähigkeit
DF = Differenzierungsfähigkeit
GF = Gleichgewichtsfähigkeit
RhF = Rhythmisierungsfähigkeit
D = Dehnung
AP = Ausgangsposition
EPD= Endpositionsdehnung

# Notizen

# I. Kardiopulmonale Fitness

**Begriffsklärung**

**Steuerungsvarianten**

**Kleine Spiele**

**Übungen ohne, mit und am Gerät**

**Jogging**

**Kontroll- und Testübungen**

## Notizen

# Begriffsklärung

Die Kardiopulmonale Fitness ist ein wesentlicher Bestandteil jeden Fitnesstrainings. Man spricht auch vom sanften aeroben Ausdauertraining. Es zielt auf die Ökonomisierung der Herz-, Kreislauf-, Atmungs- und Stoffwechselvorgänge und trägt damit zum Abbau von Risiko- und Stressfaktoren bei. Selbstwertgefühl und Selbstbewusstsein lassen sich steigern.
Dazu ist es notwendig, entsprechende Reize zu setzen, was bei Einhaltung folgender Forderungen gewährleistet ist:

- Einbeziehung vieler Muskelgruppen, mindestens jedoch 15-17% der Skelettmuskulatur (mindestens ein Arm und ein Bein);
- Üben über längere Zeit, mindestens jedoch eine Belastungsdauer von 5-6 Minuten;
- Üben mit niedriger bis mittlerer Intensität, mindestens jedoch mit 60% der aktuellen Leistungsfähigkeit.
- Das entspricht bei Schülern auf Grund des höheren Maximalpulses einem Schwellenwert von etwa 140 Pulsschlägen/min.;
- Regelmäßige Belastungswiederholung, mindestens jedoch 2x in der Woche.

Am besten lassen sich diese Mindestforderungen realisieren beim Gehen (Walken), Laufen (Joggen), Schwimmen, Radfahren, Rudern, Paddeln, Skilanglauf und mit gewissen Einschränkungen auch bei den Kleinen Spielen (Gefahr von Belastungsspitzen). Als Methoden kommen dabei die Dauerleistungsmethode und die extensive Intervallmethode in Frage.
Die folgenden Arbeitsblätter enthalten einige Vorschläge für den Schulsport, die bei Einhaltung des genannten Grundprinzips beliebig ergänzt und weiterentwickelt werden können.
Da Ausdauerbelastungen in hohem Maße einstellungsabhängig sind, sind die Motivation der Schüler und eine ausreichende Übungsvielfalt sehr wichtig.

## Steuerungsvarianten

Von den eingangs genannten Forderungen ist die Bestimmung und Einhaltung des optimalen Intensitätsbereiches für jeden Schüler besonders problematisch. Es geht vor allem darum, Überforderungen unter allen Umständen zu vermeiden, da es dann nicht zu den gewünschten Anpassungserscheinungen kommt. Hierzu neigen besonders die jüngeren Schüler. Neben den einfachen wie unzuverlässigen Beobachtungen durch den Lehrer über den Allgemeinzustand, Schweißausbruch, Blässe oder Rötung der Haut sowie die Qualität der Bewegungsausführung können Atmung und Pulsfrequenz herangezogen werden:

- Die Übungen so ausführen, dass man nicht in Luftnot gerät. Beim Laufen hat sich die Vier-Schritt-Regel bewährt (auf 3-4 Schritte einatmen, auf 3-4 Schritte ausatmen).
- Pulsfrequenzen von 150-180 Schlägen/Minute sind für eine Steigerung der aeroben Kapazität am wirkungsvollsten. Das Pulsen sollte an der Halsschlagader über 10 Sekunden vorgenommen werden. Dieser Wert ist dann mit 6 zu multiplizieren.

Eine genauere und individuellere Bestimmung des optimalen Belastungspulses, für die älteren Schüler sehr gut geeignet, kann nach folgender Formel vorgenommen werden:

$$Belastungspuls = \frac{(Maximalpuls + 10) - Ruhepuls}{2} + Ruhepuls$$

Der Ruhepuls wird nach 10 Minuten Ruhe oder noch besser nach dem Aufwachen im Bett gemessen, der Maximalpuls nach etwa 30-40 Sekunden intensiver Belastung (z.B. 300 m Steigerungslauf).

Die Pause bei der extensiven Intervallarbeit sollte so lange dauern, bis der Puls auf ca. 120/Min. gesunken ist (lohnende Pause). Das ist in der Regel nach 30-90 Sekunden der Fall.

Auch die kardiopulmonale Anpassung kann durch die regelmäßige Pulsmessung nachgewiesen werden:

- Abnahme des Belastungspulses bei gleicher äußerer Belastung;
- Verkürzung der Wiederherstellungszeit (Abnahme der lohnenden Pause).

# Kardiopulmonale Fitness

Anhängerstaffel:

Mannschaften von 6 - 8 Schülern nehmen in Reihe hinter der Startlinie Aufstellung. Ca. 20 - 30 m vor jeder Mannschaft steht ein Wendemal. Nach dem Start laufen die ersten Schüler jeder Mannschaft um dieses Mal und zurück, um die eigene Mannschaft herum und nehmen den nächsten Läufer mit (Handfassung). Gemeinsam laufen sie wieder um das Mal und die eigene Mannschaft und nehmen den Dritten mit usw. (Abb.1) Wenn alle Läufer unterwegs sind, scheiden sie in der Reihenfolge, in der sie begonnen haben, nacheinander wieder aus. Gewonnen hat die Mannschaft, deren letzter Läufer als Erster die Startlinie überquert.

- Einbau von Hindernissen, die zu überwinden oder zu umlaufen sind.
- Festlegen der Gesamtübungszeit (z.B. 10 min.). Welche Mannschaft legt in der festgelegten Zeit die meisten Runden zurück?
- Die Mannschaften stehen in Kreisaufstellung.

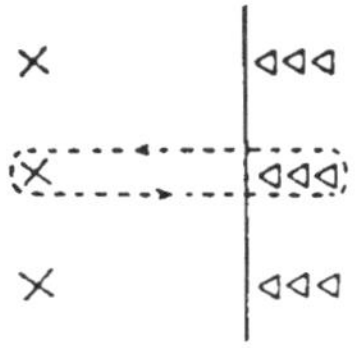

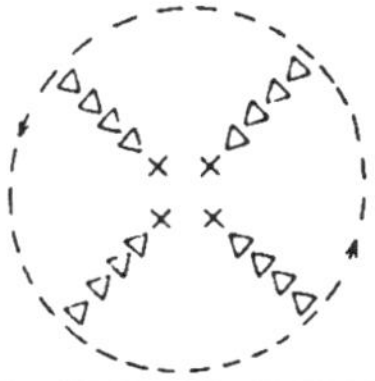

# Kleine Spiele

**Ziele und Aufgaben:**

Laufspiele zur Schulung der aeroben Ausdauer

**Geräte:**

Wendemale, Geräte zum Überwinden, Umlaufen, Aufsteigen

**Hinweise:**

Bei diesen Laufspielen gibt es Pausen für die Schüler. Der Lehrer hat damit die Möglichkeit, auf die Gesamtbelastung Einfluss zu nehmen.
Durch den Einsatz entsprechender Varianten kann diese allmählich gesteigert werden.

Feuer und Wasser:

Viele Geräte werden in der Halle verteilt, die die Schüler zum Anhängen, Aufsteigen usw. benutzen können. Alle Schüler laufen in der Halle umher und reagieren auf den Ruf des Lehrers. Bei „Feuer" legen sie sich flach auf den Boden, bei „Wasser" müssen sie sich vom Hallenboden lösen, indem sie die umherstehenden Geräte benutzen. Auf Pfiff des Lehrers beginnt das Spiel von neuem.

- Veränderung der Fortbewegungsarten
- Der letzte Schüler scheidet aus.
- Der letzte Schüler absolviert beim nächsten Spiel eine Sonderaufgabe.
- Einführung weiterer Kommandos, z.B. Himmelsrichtungen. Die Schüler laufen zur entsprechenden Hallenwand.

Gruppenfoto:

Die Schüler laufen frei in der Halle umher. Auf ein Zeichen des Lehrers laufen sie auf vorher festgelegte Orte und stellen sich zu einem möglichst originellen Gruppenfoto auf. Nach der Auflösung läuft jeder Schüler weiter, bis ein neues Zeichen ertönt.

- Veränderung der Fortbewegungsarten
- Einbeziehung von Geräten in das Gruppenfoto

Hindernisparcours:

Die Schüler werden in zwei Gruppen eingeteilt: Hindernisse und Turnierpferde. Die „Hindernisse" verteilen sich paarweise in der Halle und bilden möglichst originelle Hindernisse, die von den anderen im Laufen unter- oder überquert werden müssen. Dazu „gallopieren" die „Turnierpferde" bei frei wählbaren Laufwegen so durch die Halle, dass immer ein freies Hindernis angelaufen werden kann und keine Staus entstehen. Nach einer bestimmten Zeit wechseln die Gruppen.

- Die „Hindernisse" bewegen sich am Ort.
- Die „Turnierpferde" laufen im Takt der eingespielten Musik.
- Das Lauftempo muß konstant gehalten werden, ohne Unterbrechung.
- Die „Turnierpferde" laufen paarweise.

| Kardiopulmonale Fitness | Kleine Spiele |
| --- | --- |
| <u>Helferball:</u><br>Die Schüler laufen in der Halle durcheinander und spielen sich Bälle zu (3 - 5). Ein Fänger versucht, einen Schüler abzuschlagen, der dann selbst zum Fänger wird. Abgeschlagen werden darf nur ein Schüler ohne Ball. Einem verfolgten Schüler kann also durch Zuspielen eines Balles „geholfen" werden.<br>➭ Es werden zwei oder drei Fänger eingesetzt.<br>➭ Das Spiel ist auch ohne Ball möglich. Der Schüler, der zwischen Fänger und Gejagtem hindurchläuft, muss vom Fänger verfolgt werden.<br><br><u>„Steh, Bock - Lauf, Bock":</u><br>2 bis 4 Fänger versuchen, die in der Halle umherlaufenden Schüler mit dem Ruf „Steh, Bock!" abzuschlagen. Diese müssen dann in die Hocke gehen, können aber durch Handschlag und den Ruf „Lauf, Bock!" von den Mitspielern erlöst werden und weiter mitspielen.<br>➭ Andere „Steh , Bock!" - Haltungen festgelegen (Liegestütz, Standwaage, Hampelmann)<br>➭ Die abgeschlagenen Spieler gehen in den Grätschstand. Die Mitspieler können sie erlösen, wenn sie durch die gegrätschten Beine schlüpfen. | **Ziele und Aufgaben:**<br>Haschespiele zur Schulung der aeroben Ausdauer<br><br>**Geräte:**<br>Bälle, Weichbodenmatten, Markierungslinien<br><br>**Hinweise:**<br>Die Auswahl der Spiele und der entsprechenden Varianten sollte so erfolgen, dass die Schüler allmählich zu einer immer längeren Ausdauer-belastung geführt werden. Das geht nur, wenn gleichzeitig die Intensität (Laufgeschwindigkeit) gesenkt wird.<br>Damit können auch die Ballspiele systematisch vorbereitet werden. |

Mattentreiben:
Mannschaften mit jeweils 8 -10 Schülern versuchen, je eine Weichbodenmatte durch Aufspringen (einzeln oder zu zweit) über eine Markierungslinie zu treiben. Schüler, die gesprungen sind, verlassen die Matte und laufen zur Ausgangslinie zurück und beginnen von neuem. Gewonnen hat die Mannschaft, die als erste ihre Matte über die Ziellinie getrieben hat.

- Es darf nur in Bauchlage auf die Matte gesprungen werden.
- Zwei Mannschaften stehen sich gegenüber, springen abwechselnd auf die Matte ( einzeln oder zu zweit ) und versuchen, diese möglichst weit in das gegnerische Feld zu treiben.

Hitparadenfangen:
Die Schüler werden in Hasen und Jäger eingeteilt. Die Jäger versuchen, die Hasen einzufangen oder abzuschlagen. Während des Spiels wird Musik eingespielt, und die Schüler (Hasen und Jäger) müssen ihren Laufrhythmus nach der Musik richten. Wird ein Hase abgeschlagen oder kommt er aus dem Takt, wird er zum Jäger. Kommt ein Jäger aus dem Takt, wird die Jagd unterbrochen; er muss zurück in eine neutrale Zone und neu beginnen.

Schienenfangen:
Hasen und Jäger bewegen sich auf den durchgehenden Markierungslinien, die das Schienennetz bilden. Diese dürfen von den Schülern nicht verlassen werden, auch nicht zum Ausweichen. An den Kreuzungen der verschiedenen Markierungslinien sind Richtungswechsel erlaubt. Die Jäger versuchen, die Hasen einzufangen oder abzuschlagen (mit dem Softball).

- Für das Spiel wird eine Zeit festgelegt, in der die Jäger so viele Hasen wie möglich fangen.
- Abgeschlagene Hasen gehen in Hockstellung und können durch Überspringen von einem Mitspieler erlöst werden.
- Hasen, die sich auf einer Linie begegnen, müssen nach Handberührung ihre Laufrichtung um 180 Grad ändern.

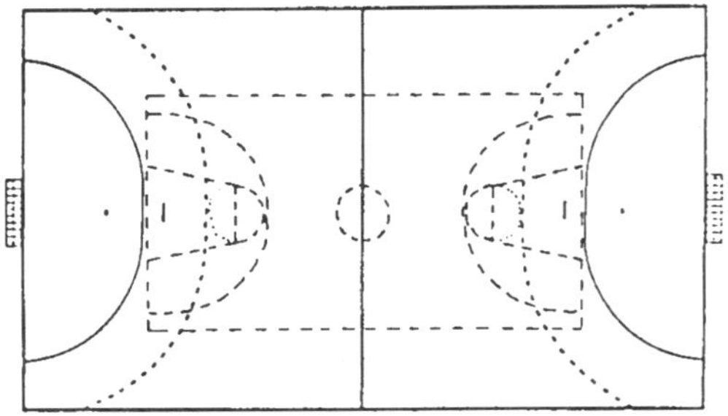

| Kardiopulmonale Fitness | Kleine Spiele |
|---|---|
| Turmball:<br>Zwei Mannschaften versuchen, ihrem Turmwächter, der auf einem Kastenteil/Hocker im gegnerischen Feld steht, einen Ball zuzuspielen. Gelingt dies, ohne dass der Turmwächter den Kasten / Hocker verlassen muss, hat die angreifende Mannschaft einen Punkt erzielt. Die andere Mannschaft ist bemüht, dies zu verhindern und ihrerseits zu punkten.<br>➪ Die Turmwächter sitzen auf einer Matte.<br>➪ Spiel mit festgelegten Rollen (Angriff bzw. Abwehr) auf einen Turm mit einem neutralen Turmwächter. Nach einer bestimmten Zeit werden die Rollen getauscht.<br>➪ Verwendung einer Frisbyscheibe als Spielgerät<br>➪ Die Turmwächter verwenden Gymnastikreifen als bewegliche Tore. Ein Punkt ist dann erzielt, wenn das Spielgerät durch den eigenen Reifen geworfen wird.<br>➪ Wie oben, aber die Turmwächter dürfen sich in einem markierten Torraum frei bewegen.<br>➪ Festlegen von bestimmten Schrittregeln | **Ziele und Aufgaben:**<br>Ballspiele zur Schulung der aeroben Ausdauer<br><br>**Geräte:**<br>Bälle, Kastenteile oder Hocker, Gymnastikreifen<br><br>**Hinweise:**<br>Die Ballspiele besitzen einen hohen Anforderungscharakter und verleiten die Schüler zu großer Intensität. Die Folge sind längere Pausen. Damit kommen wir in Bereiche der anaeroben Energiebereitstellung (intensive Intervalle). Der Lehrer sollte hier Einfluss nehmen, indem er durch den Einsatz entsprechender Varianten die Intensität senkt oder rechtzeitig Spielpausen einlegt, in denen durch Pulsmessung die Belastung gesteuert wird. |

Jägerball:

Ein Schüler (Jäger) versucht, in einem markierten Spielfeld frei umherlaufende Hasen mit einem Soft- oder Hohlball abzuwerfen. Ziel ist es, in einer bestimmten Zeit möglichst viele Körpertreffer zu erzielen. Danach wird der Jäger ausgewechselt. Welcher Jäger erzielt die meisten Treffer bzw. welcher Hase wird am wenigsten getroffen?

- Die Hasen bewegen sich in einem markierten Feld (Kreis, Quadrat) und der Jäger läuft außen herum. Er darf das Feld nur zum Ballholen betreten.
- Einsatz von zwei oder mehreren Jägern, die sich den Ball zuspielen. Sie dürfen aber mit dem Ball nicht laufen (höchstens drei Schritte).
- Körpertreffer können nur erzielt werden, wenn der Ball vorher den Boden berührt
- Als Mannschaftsspiel: zwei gleich starke Mannschaften stehen sich gegenüber und versuchen, in einer festgelegten Zeit möglichst viele Körpertreffer zu erzielen bzw. möglichst wenig abzubekommen.
- Dasselbe, aber die Rollen wechseln, sobald die Jäger einen Fehler gemacht haben: z.B. Fehlwurf, Fallenlassen des Balles nach Zuspiel, Abwerfen eines Hasen nach Aufnahme eines rollenden Balles oder wenn die Hasen den Ball fangen.

Rollball:

Zwei Mannschaften versuchen, durch Rollen eines Balles mit den Händen oder durch kniehohes Zuwerfen Tore zu erzielen. Das Tor ist die gesamte hintere Spielfeldbegrenzung. Bei der Verteidigung des Tores darf sich nur eine vorher vereinbarte Spielerzahl (2 - 4) im Spielfeld aufhalten. Die Spieler können wechseln.

- Breite des Tores verändern und Höhe markieren
- Reduzierung der Anzahl der Torwächter

Startball:

Alle Schüler stellen sich an der Startlinie auf. Der Werfer steht auf der anderen Seite (Ziellinie). In der Spielfeldmitte liegt ein Ball. Auf ein Signal hin versuchen die Schüler die gegenüberliegende Seite zu erreichen, während der Werfer zum Ball läuft, um einen Schüler abzuwerfen. Der Getroffene wird beim nächsten Spiel zum Werfer.

- Einsatz von mehreren Werfern und Bällen
- Als Mannschaftsspiel: zwei gleich starke Mannschaften stehen sich paarweise gegenüber. Jedes Paar hat einen Ball. Die Schüler der einen Seite sind die Werfer. Die Rollen innerhalb der Paare wechseln, sobald der Läufer getroffen wurde. Jeder Lauf ohne Treffer ergibt einen Pluspunkt. Sieger ist die Mannschaft mit der höchsten Punktzahl.

| Kardiopulmonale Fitness | Kleine Spiele |
|---|---|
| Spieltaktik:<br>Durch das geforderte Anspiel nach hinten ist ein taktisches Umdenken der Schüler notwendig, was einige Übungszeit verlangt.<br>- Bei der angreifenden Mannschaft bildet der ballführende Spieler die Spitze und muss durch geschickte Staffelung abgesichert werden, um ihm ein Abspiel nach hinten zu ermöglichen. Das gilt besonders für das „Notabspiel“ nach dem Abschlag.<br>- Die verteidigende Mannschaft muss den ballführenden Spieler schnell abschlagen, damit nur wenig Raum verloren geht. Dabei muss versucht werden, im Moment des „Notabspiels“ in Ballbesitz zu kommen.<br>- Da es keine Aufteilung in Stürmer und Verteidiger gibt, ist die Umstellung von Verteidigung auf Angriff und umgekehrt ein weiteres taktisches Problem.<br>Da für das Spiel keine besonderen Markierungen notwendig sind (außer Anspielpunkt und Zielgebiet) und der Ball nicht geprellt werden muss, kann es auch in unebenem Gelände oder am Strand gespielt werden, wodurch es noch intensiver wird. | **Ziele und Aufgaben:**<br>Ballspiel zur Schulung der aeroben Ausdauer<br><br>**Geräte:**<br>Rugby-Ball oder Hohlball<br><br>**Hinweise:**<br>Das vorgestellte Spiel ist dem Rugby sehr ähnlich. Durch das Abschlagen wird dem Spiel die Härte genommen, es wird noch schneller und intensiver und stellt die höchsten Forderungen an die Kreislaufbelastungen. Es sollte, auch wegen der hohen Anforderungen an das Spielverständnis und an das taktische Verhalten, den älteren Schülern vorbehalten bleiben. |

Blitzball:
Zwei Mannschaften spielen mit einem Rugby-Ball oder einem anderen Hohlball auf einem markierten Spielfeld. Die Spielerzahl jeder Mannschaft richtet sich nach der Spielfeldgröße (4-12).

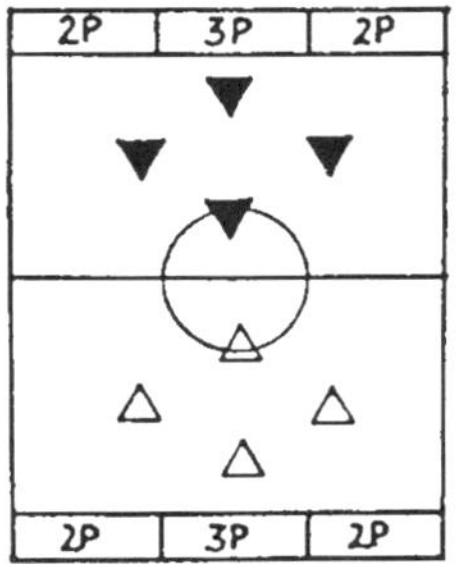

Der Ball wird mit beiden Händen vor dem Körper getragen, um ihn durch schnelles Laufen und Fintieren im Zielgebiet des Gegners niederzulegen. Die verteidigende Mannschaft hat die Möglichkeit, den Ballträger durch einen Schlag auf den Rücken zu stoppen oder den Ball abzufangen, um selbst einen Angriff durchzuführen.

Wichtige Spielregeln:

- Abspielen des Balles ist nur nach rückwärts erlaubt.
- Der Ball darf von jedem Spieler nach vorwärts getragen werden, aber mit beiden Händen und nicht unter einem Arm.
- Alle Anwürfe und Freiwürfe werden durch die gegrätschten Beine nach rückwärts durchgeführt.
- Auch wenn der Lauf eines Spielers durch einen Schlag auf den Rücken gestoppt wurde, muss er innerhalb von 3 Sek. durch die gegrätschten Beine nach rückwärts abspielen.

- Halten, Stoßen und andere Regelwidrigkeiten werden durch Freiwürfe geahndet.
- Ein Punktgewinn erfolgt, wenn der Ball durch einen freien Spieler (der nicht vorher abgeschlagen wurde) im Zielgebiet abgelegt wird. Dabei kann das Zielgebiet noch in verschiedene Punktzonen unterteilt werden (siehe Abb.1).
- Nach jedem Punktgewinn führt die gegnerische Mannschaft das Anspiel vom Anspielpunkt aus. Dabei darf sich nur der Spieler mit dem Ball im Anspielkreis aufhalten.

| Kardiopulmonale Fitness | Übungen ohne und am Gerät |
|---|---|
| Affensprünge an der Sprossenwand:<br>- beliebige Wahl der Richtungen und der Sprungweite<br>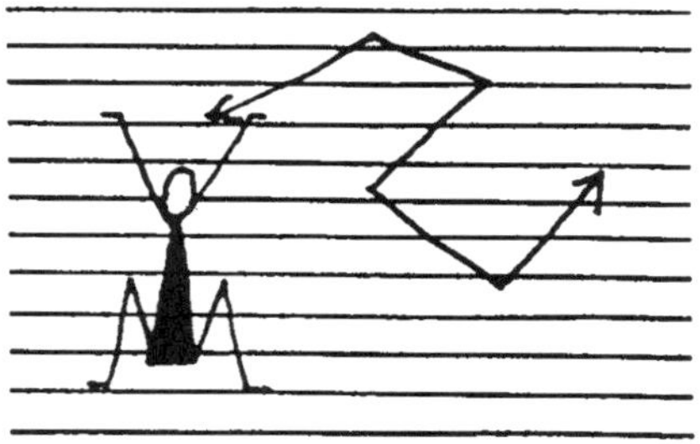 | **Ziele und Aufgaben:**<br>Schulung der aeroben Ausdauer durch extensive Intervallbelastung<br><br>**Geräte:**<br>Sprossenwand, Turnbänke, mehrere Kastenteile und/oder Bock, Hürde<br><br>**Hinweise:**<br>Die Schüler üben ohne Hast bei exakter Einhaltung der Ausführungsbestimmungen.<br>Die Übungen lassen sich in dieser oder ähnlicher Reihenfolge zu einem Kreis zusammenstellen. Die Übungszeiten sollten dabei an jeder Station 20 Sekunden betragen und dann auf 30 Sekunden verlängert werden. Die Pausen sind entweder gleich lang (konzentrischer Kreis) oder werden, bei 30 - 40 Sekunden beginnend, systematisch verkürzt. |

**Kniehebelauf am Ort / vom Ort:**
- kurze Schritte, hohe Frequenz
- Koordination von Arm- und Beinbewegungen beachten

**Liegestützwechselhüpfen:**
- gestreckte Arme und wechselseitiges Anhocken und Strecken der Beine bzw. beidbeinige Ausführung mit Armbeugung und -streckung

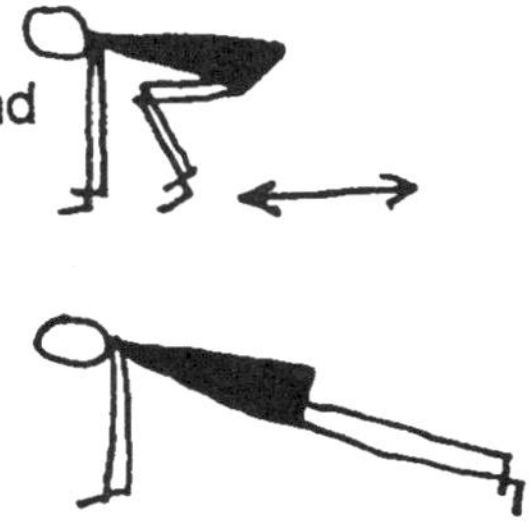

**Seitwärtsprünge:**
- Absprung vom Fußballen
- kurzer Bodenkontakt
- Variation von Höhe und Breite der Geräte
- ohne und mit Zwischenhupf

☞ Bodenmatte zum Abfedern

**Hockwende über Langbank:**
- gestreckte Arme
- am Ort
- in der Vorwärtsbewegung

**Überspringen und Durchkriechen:**
- eines Kastenteiles
- eines Bockes
- einer Hürde

**Steigeübung:**
- am Kasten, Turnhocker oder Langbank

☞ Bodenmatte zum Abfedern

**Hampelmann:**
- ohne und mit Handgerät
- mit Ball

| Kardiopulmonale Fitness | Übungen ohne und mit Gerät |
|---|---|
| <u>Japantest:</u><br>- Berühren von Markierungslinien (Abstand 3 - 4m) durch Seitwärtsschritte bzw.<br>- Transport von Medizinbällen von erhöhter Ablage<br>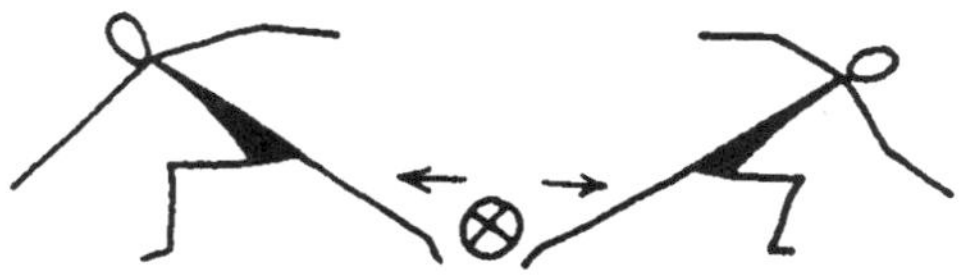 | **Ziele und Aufgaben:**<br>Schulung der aeroben Ausdauer durch Dauerbelastung<br><br>**Geräte:**<br>Seil, Slalomstangen, Bälle, Medizinbälle<br><br>**Hinweise:**<br>Die Schüler üben ohne Hast bei exakter Einhaltung der Ausführungsbestimmungen.<br>Die Übungen lassen sich in dieser oder ähnlicher Reihenfolge zu einem Kreis zusammenstellen. Bei festgelegter Wiederholungszahl an den Stationen (15 - 25) werden 1 - 3 Durchgänge ohne Pausen durchgeführt. Auch hier sollte eine Belastungssteigerung systematisch erfolgen. |

Seilspringen:
- mit und ohne Anhocken der Beine
- mit Doppeldurchschlag

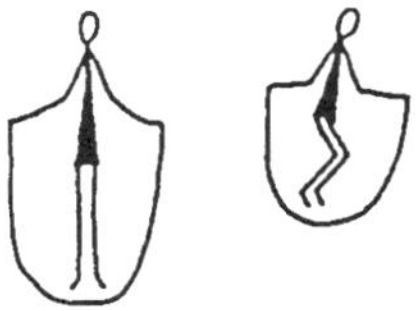

Slalomlaufen:
- mit und ohne Ballführen
- Ballführen mit Hand oder Fuß

Froschsprünge:
- flaches Vorwärtsspringen aus dem Hockstand
- Abfangen mit den Armen

☞ Bodenmatte zum Abfedern

Wechselhüpfen:
- mit Seitspreizen rechts oder links
- im Hockliegestütz vorlings nach rechts und links
- mit und ohne Nachfedern

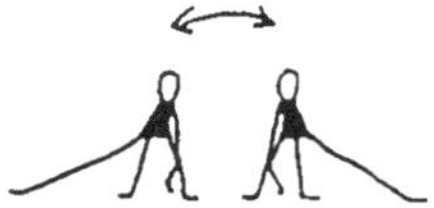

Übungskombination:
- Fallen in die Rücklage
- mit zusätzlicher Rolle rückwärts
- Variationen beim Strecksprung (siehe Strecksprünge)

Hopserlauf:
- betonter Schwungbeineinsatz des rechten und linken Beines im Wechsel
- Die Arme werden ebenfalls schwunghaft eingesetzt.
- Erreichen maximaler Steighöhe bei nur leichter Vorwärtsbewegung

| Kardiopulmonale Fitness | Jogging |
|---|---|
| Beispiel 4:<br>Die Leistungsgruppen umlaufen die Dreieckskurse nach Zeitvorgaben durch den Lehrer.<br>Wertung:<br>Welche Gruppe kommt der Zeit am nächsten?<br>↳ Wechsel der Dreieckskurse<br>↳ Änderung der Rundenzahl<br>↳ Mehrfachläufe und Addition der Abweichungen von der Zielzeit. Wer hat die geringste Gesamtabweichung?<br>↳ Einzeln oder paarweise | **Ziele und Aufgaben:**<br>- Heranführen an die Laufbewegung und eine kontinuierliche Dauerbelastung<br>- Entwicklung des Gefühls für das optimale Lauftempo<br>- Anwendung der Pulsmessung<br><br>**Geräte:**<br>5 -7 Stangen, 1 Stoppuhr, Schilder mit Buchstaben bzw. Rechenaufgaben<br><br>**Hinweise:**<br>Die Gehpausen systematisch verkürzen und die Belastungsphasen verlängern.<br>In den Pausen den Puls messen und danach das Lauftempo ausrichten.<br>Lauftechnik korrigieren: Zuerst die Ferse aufsetzen und dann über den ganzen Fuß abrollen. |

Dreieckslauf mit Zusatzaufgaben:

Die Schüler werden in Leistungsgruppen eingeteilt und umlaufen verschiedene Dreieckskurse, die durch Stangen o.ä. markiert sind, in gleichmäßigem Tempo. Die schwächste Gruppe umläuft das kleine Dreieck und die leistungsstärkste das große. Die Schüler sollen sich nach Möglichkeit auf der Strecke A treffen.

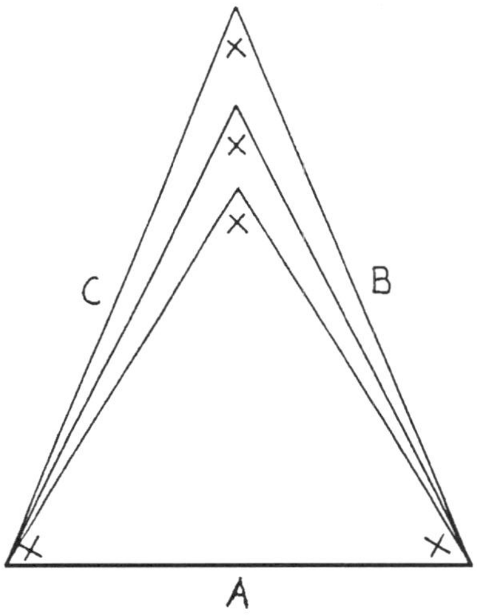


Beispiel 1:

Die Strecke A markiert die Gehpause, die nach 1, 2 oder mehreren Runden eingelegt wird (nach Vorgabe des Lehrers). Während der Gehpause wird der Belastungspuls gemessen und das weitere Lauftempo korrigiert.

Wertung:

Wer hat die geringsten Abweichungen von seinem individuellen Belastungspuls?

Beispiel 2:

Die Schüler umlaufen die Dreieckskurse und der Lehrer zeigt ihnen zwischendurch einen Buchstaben, mit dem sie ein sinnvolles Wort bilden sollen.

Wertung:

Wer bildet das längste Wort? In welchem Wort kommt der gezeigte Buchstabe am häufigsten vor?

- einen oder mehrere Buchstaben nennen
- Rundenzahl verändern
- einzeln oder paarweise

Beispiel 3:

Die Schüler umlaufen die Dreieckskurse und der Lehrer zeigt ihnen Rechenaufgaben in Form von Kettenaufgaben, die sie während des Laufens lösen müssen.

Wertung:

Wer hat die richtige Lösung?

- siehe Beispiel 2

| Kardiopulmonale Fitness | Jogging |
|---|---|

## Kardiopulmonale Fitness

Paarläufe:

Die Schüler laufen auf ovalen Kursen, die ineinander gelegt werden können (leistungsstarke Paare außen). Jeder Schüler läuft eine halbe Runde. Während der eine läuft, trabt der andere auf dem kürzesten Weg zur Wechselmarke (siehe Skizze).

Wertung: Welches Paar schafft die meisten Umrundungen?

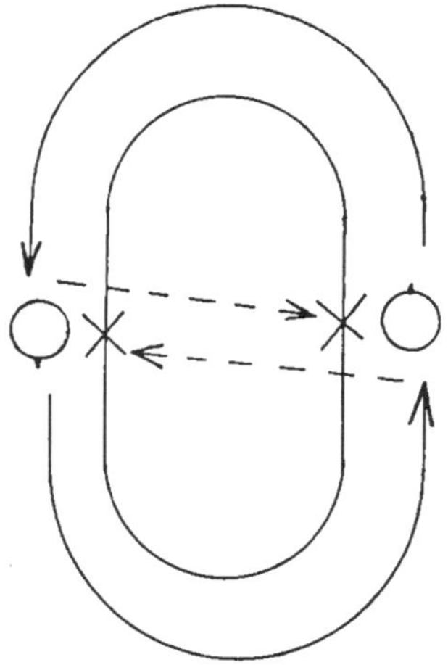

## Jogging

**Ziele und Aufgaben:**

- Systematische Verlängerung der Ausdauerbelastung
- Laufen bei Einhaltung des optimalen Belastungspulses
- Sicherheit bei der Anwendung der Pulsmessung

**Geräte:**

Markierungslinien, 1 Stoppuhr, Basketbälle, Papier und Bleistift für jeden Schüler, Zeichenvorlage

**Hinweise:**

Das Paarlaufen stellt die höchsten Forderungen an die Laufausdauer. Deshalb die Wege für die Trabpause so wählen, dass es nicht zu einer Überlastung kommt.

## Pendelläufe

Dreierlaufen:

Drei gleichstarke Schüler bilden eine Mannschaft. Sie werden so verteilt, dass auf einer Seite zwei stehen und auf der anderen ein Schüler. Dort, wo zwei Schüler stehen, wird gestartet. Die Schüler lösen sich so ab, dass immer einer läuft und die anderen Pause haben. In der Pause wird der Puls gemessen.

Der Lehrer gibt vorher die Gesamtbelastung bekannt.

- Paare (leistungsstärkere Schüler) laufen gegen 3er-Mannschaften.
- Dribbling mit einem Basketball, der beim Wechsel übergeben wird
- Lauf auf Rundkursen (bei unterschiedlich großen Kursen, die ineinander liegen, können die Mannschaften differenziert belastet werden)

Mit Zusatzaufgabe:

An der Wendestelle hängt eine Tafel mit 25 oder 36 Feldern. In jedem Feld befindet sich ein Buchstabe, eine Zahl oder ein Fantasiezeichen.

Die Schüler erhalten die Aufgabe, diese Zeichen möglichst fehlerfrei auf ein leeres Blatt zu übertragen, das auf der anderen Seite liegt.

Wertung:

Wer überträgt die meisten richtigen Zeichen?

- einzeln oder paarweise
- zwei oder beliebig viele Zeichen übertragen

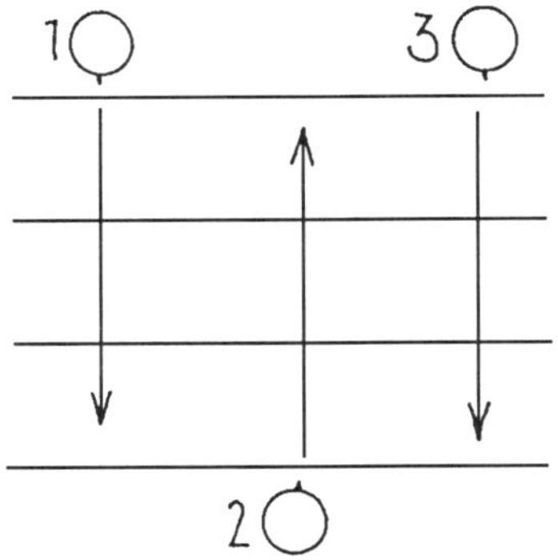


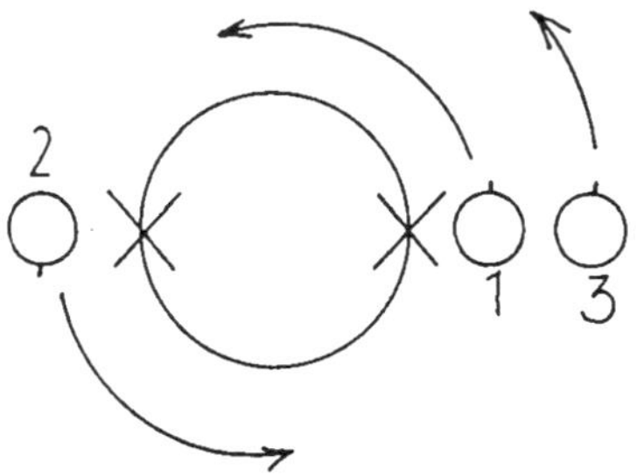

# Kardiopulmonale Fitness

# Kontroll- und Testübungen

**15-Minuten-Lauf (nach Pahlke/Peters modifiziert)**

nnerhalb von 15 Minuten muss der Schüler eine möglichst große Strecke zurücklegen.

Testbewertung: Erfasst wird die in 15 Minuten zurückgelegte Strecke. Darüber hinaus kann die in 3,6,9 und 12 Minuten zurückgelegte Strecke registriert werden. Die Pulswerte (P®, Po, P1, P2, P3) sollten, wie im Ruffiertest beschrieben, ermittelt und für die Berechnung des Leistungs- und Erholungsindex herangezogen werden.

☞ - Für eine ausreichende Erwärmung nach der ersten Pulsmessung sorgen
- Auslaufen / Dehnen

Vergleichswerte:

| Alter | Ausdauerleistung (Laufmeter in 15 Min.) gut | ausreichend | unzureichend |
|---|---|---|---|
| Jungen | | | |
| 7 | über 2600 | 2600–2200 | unter 2200 |
| 8 | über 2800 | 2800–2300 | unter 2300 |
| 9 | über 3000 | 3000–2400 | unter 2400 |
| 10 | über 3200 | 3200–2600 | unter 2600 |
| 11 | über 3300 | 3300–2700 | unter 2700 |
| 12 | über 3400 | 3400–2800 | unter 2800 |
| 13 | über 3500 | 3500–2900 | unter 2900 |
| Mädchen | | | |
| 7 | über 2300 | 2300–2000 | unter 2000 |
| 8 | über 2400 | 2400–2100 | unter 2100 |
| 9 | über 2600 | 2600–2300 | unter 2300 |
| 10 | über 2800 | 2800–2400 | unter 2400 |
| 11 | über 3000 | 3000–2500 | unter 2500 |
| 12 | über 3100 | 3100–2600 | unter 2600 |
| 13 | über 3200 | 3200–2700 | unter 2700 |

(Nach Pahlke/Peters 1979, 369)

**Ziele und Aufgaben:**

15-Minuten-Lauf zur Erfassung und Bewertung der Kardiopulmonalen Fitness der Schüler. Über eine längere Zeit angewendet, ermöglicht es eine relativ objektive Einschätzung der Entwicklung in diesem Bereich und kann zur Planung der weiteren Übungs- und Belastungsgestaltung herangezogen werden. Die Karten können kopiert und den Schülern zur Registrierung und Berechnung der Werte ausgehändigt werden.

**Geräte:**

Stoppuhr, Rundbahn mit Markierungslinien

**Hinweise:**

Die Vergleichswerte sind für den Lehrer als Orientierungshilfe für eine Soforteinschätzung gedacht, keinesfalls als Grundlage für eine Notenskala. Vergleiche sollten nur innerhalb der Klasse oder Schule durchgeführt werden. Auch das ist nur möglich, wenn die Ausführung und die äußeren Bedingungen immer gleich sind. Das gilt ebenfalls für die Beurteilung der individuellen Entwicklung der Schüler. Die Pulsmessung ist vorher zu üben. Sie sollte über 10, maximal 15 Sekunden durchgeführt werden. Darüber hinaus sind den Schülern die verwendeten Begriffe Ruhe-, Belastungs- und Erholungspuls zu erläutern und Einsichten in die Zusammenhänge zu vermitteln.

| | Laufleistung in Meter nach ...Min. | | | | | Puls / Minute | | | | | | |
|---|---|---|---|---|---|---|---|---|---|---|---|---|
| Datum | 3 | 6 | 9 | 12 | 15 | P® | Po | P1 | P2 | P3 | LI | EI |
| | | | | | | | | | | | | |
| | | | | | | | | | | | | |
| | | | | | | | | | | | | |
| | | | | | | | | | | | | |
| | | | | | | | | | | | | |
| | | | | | | | | | | | | |
| | | | | | | | | | | | | |
| | | | | | | | | | | | | |
| | | | | | | | | | | | | |
| | | | | | | | | | | | | |
| | | | | | | | | | | | | |
| | | | | | | | | | | | | |
| | | | | | | | | | | | | |
| | | | | | | | | | | | | |
| | | | | | | | | | | | | |
| | | | | | | | | | | | | |
| | | | | | | | | | | | | |
| | | | | | | | | | | | | |

# Kardiopulmonale Fitness

| | | Puls / Minute | | | | | | |
|---|---|---|---|---|---|---|---|---|
| Datum | Test -Nr. | P® | Po | P1 | P2 | P3 | LI | EI |
| | | | | | | | | |
| | | | | | | | | |
| | | | | | | | | |
| | | | | | | | | |
| | | | | | | | | |
| | | | | | | | | |
| | | | | | | | | |
| | | | | | | | | |
| | | | | | | | | |
| | | | | | | | | |
| | | | | | | | | |
| | | | | | | | | |

# Kontroll- und Testübungen

**Ziele und Aufgaben:**

Die nachfolgend aufgeführten Kontrollverfahren sind einfache Möglichkeiten zur Erfassung und Bewertung der Kardiopulmonalen Fitness der Schüler. Über einen längeren Zeitraum angewendet ermöglichen sie eine relativ objektive Einschätzung der Entwicklung in diesem Bereich durch den Lehrer, aber auch durch den Schüler selbst. Des Weiteren können die Werte zur Planung der Übungs- und Belastungsgestaltung herangezogen werden.
Die Karten können kopiert und den Schülern zur Registrierung und Berechnung der Werte ausgehändigt werden.

**Geräte:**

Kastenoberteile oder Turnhocker (höhenverstellbar von 30-40 cm), Metronom, Stoppuhr, Sprungseile

**Hinweise:**

Siehe 15-Minuten-Lauf

**Stufentest nach Ruffier ( modifiziert):**

Innerhalb von 3 Minuten muss der Schüler eine Stufe 90x rhythmisch besteigen. Jeder Schritt endet mit Aufsetzen beider Füße sowie Fersenabschluss bei durchgedrückten Knien. Die Stufenhöhe orientiert sich an der Beinlänge und liegt im Durchschnitt bei 30 - 40cm (nach dem Aufsetzen des Fußes sollte der Winkel zwischen Unter- und Oberschenkel 90° betragen).

Testbewertung: Ermittelt werden 3 Pulsfrequenzen durch Pulsmessung über 10 Sekunden:

- P® = im Sitzen nach 5 Minuten Ruhe
- Po = im Stehen unmittelbar nach der Belastung
- P1 = im Stehen eine Minute nach Testende

Aus diesen Werten wird der Leistungsindex berechnet:

$$LI = \frac{\text{P®} + Po + P1 - 200}{10}$$

Darüber hinaus kann der Puls (P2) und (P3) zwei bzw. drei Minuten nach Testende ermittelt werden und zur Berechnung des Erholungsindex dienen:

$$EI = \frac{\text{Dauer der Belastung in Sek.} \times 100}{P1 + P2 + P3}$$

☞ - Eine ausreichende Erwärmung nach der ersten Pulsmessung durchführen
- Die Stufenhöhe an der individuellen Beinlänge orientieren
- Auf Einhaltung der Frequenz und der korrekten Ausführung achten

**Vergleichswerte(nach Ruffier/Noack):**

| Index | Bewertung |
|---|---|
| 6,0 | sehr gut |
| 6,0 - 14,0 | normal |
| 14,0 | unzureichend |

**Belastungstest:**

Innerhalb von 3 Minuten muss der Schüler folgende Aufgaben hintereinander durchführen:

- in 30 sek. 30 Kniebeugen (Arme in Vorhalte, Beugung im Kniegelenk bis 90°, Frequenzvorgabe durch Metronom),
- in 30 sek. 30x Hampelmann (Frequenzvorgabe durch Metronom o. ä.),
- 1 Minute laufen im Kreis,
- 1 Minute Seilspringen am Ort (bei „Verheddern" des Seils weiterhüpfen und Seil neu ordnen)

Testbewertung: - wie bei Ruffiertest

☞ - Durchführung in der Gruppe möglich
- Eine ausreichende Erwärmung nach der ersten Pulsmessung durchführen
- Auf Einhaltung der Frequenzvorgaben achten
- Keine Pausen während des Wechsels zulassen

Vergleichswerte: Liegen noch nicht vor. Ein Vergleich kann nur innerhalb der Gruppe vorgenommen werden. Die Indexe sollten vor allem der Beurteilung der individuellen Entwicklung dienen.

# II. Körperformung

**Begriffsklärung**

**Steuerungsvarianten**

**Kleine Spiele**

**Partnerübungen**

**Übungen an Stationen**

**Übungen ohne Gerät**

**Übungen am Gerät**

**Übungen mit Gerät**

**Kontroll- und Testübungen**

# Notizen

# Begriffsklärung

In der Literatur werden für diesen Teil des Fitnesstrainings verschiedene Begriffe verwendet, z. B. Bodystyling, Bodyshaping, Problemzonentraining, Körperformung, um nur die wichtigsten zu nennen. Übereinstimmung herrscht in der Zielstellung: Harmonisierung der Körperproportionen durch Erhalt bzw. Entwicklung des Muskelgewebes und Abbau des Fettgewebes unter Anwendung des Einzelmuskeltrainings. Einseitige Belastungen und muskuläre Dysbalancen, die zur Schädigung der Gelenke und der Wirbelsäule führen, sollten damit ausgeglichen werden.
Um nicht noch einen weiteren Begriff einzuführen, sprechen wir in diesem Material von Körperformung, wohl wissend, dass in der Schule die genannte Zielstellung und das Einzelmuskeltraining schon aus physiologischen Gründen nicht im Vordergrund stehen. Vielmehr geht es um eine allgemeine Muskelkräftigung im Sinne einer Grundlagenausbildung mit prophylaktischer Orientierung, wobei auf bestehende Dysbalancen, sichtbar z. B. in Haltungsschwächen, eingegangen werden kann. Erst mit Beginn der 2. puberalen Phase ist es angebracht, die Schüler auf zu erwartende „Problemzonen“ zu orientieren und diese verstärkt zu trainieren. Das sind bei den Jungen vor allem die Oberarme, die Brust, der Bauch und der Rücken. Bei den Mädchen sind es die Oberarme, die Schulter, das Gesäß und die Oberschenkel.
Die folgenden Karten enthalten eine Auswahl von Übungen, die beliebig erweitert und variiert werden können. Auch hierbei geht es darum, durch eine freudvolle und abwechslungsreiche Unterrichtsgestaltung die Motivation positiv zu beeinflussen, wobei auch Wissen über Zusammenhänge und Wirkungsmechanismen vermittelt werden sollte, um das eigene Üben über die Schulzeit hinaus anzuregen.

## Steuerungsvarianten

Anders als beim Kreislauftraining (Steuerung über Pulsfrequenz) erfolgt beim Muskeltraining die Steuerung über die äußere Belastung. Da die Belastungsbereiche sehr eng sind und die Leistungsfähigkeit der Schüler sehr unterschiedlich, ist eine richtige Dosierung unter schulischen Bedingungen schwierig.
Als Optimum wird für das Muskeltraining (Volumenzunahme) eine Wiederholungszahl von 10 -15 oder eine Übungszeit (Serien- oder Satzdauer) von 20-30 Sekunden angegeben, vorausgesetzt der Widerstand (leicht - mittel) ist so gewählt, dass die Wiederholungen oder die Zeit knapp geschafft werden. Jede Übung wird 3-4 mal wiederholt bei einer Pausenlänge von ca. 1-1,5 Minuten. Das sollte das Ziel der Körperformung mit den älteren Schülern sein.
Wird die Belastung geringer und nehmen damit die Wiederholungszahlen und die Seriendauer zu (15-25 Wdh.bzw. 40-60 Sekunden), steht die Entwicklung der Kraftausdauer im Vordergrund, ohne das Dickenwachstum der Muskulatur anzuregen. Damit sollte in den unteren Schuljahren begonnen werden. Die Übungen ohne Gerät (nur mit dem eigenen Körpergewicht) und die Kleinen Spiele sind hierfür besonders geeignet. Bei submaximalen Belastungen (5-8 Wdh./8-15 Sek.) kommen wir in den Bereich der Maximalkraftentwicklung, der in der Schule vermieden werden sollte.
Regelmäßiges Üben führt zu den gewollten Anpassungserscheinungen (Entwicklung des Muskelfaserquerschnitts); das bedeutet, dass die Belastung ständig gesteigert werden muss (Prinzip der ansteigenden Belastung), um in dem oben skizzierten Optimalbereich zu bleiben (10-15 Wdh.) und nicht in das Maximalkrafttraining abzugleiten. Möglichkeiten dazu bieten die Partnerübungen und die Übungen mit und am Gerät. Durch Verlagerung des Körperschwerpunktes (z. B. bei Liegestützübungen), durch Veränderungen der Hebelbedingungen (bei Partnerübungen und Übungen an der Turnbank), durch Vergrößerung der Sprung-, Steig- und Hubhöhen bei entsprechenden Übungen oder den Einsatz einfacher Geräte (Medizinbälle, Handgewichte, Gewichtsmanschetten, Reckstangen usw.) lässt sich die Belastung steuern.

# Körperformung

Stütz-Mühle:

Die Partner begeben sich in den Liegestütz vorlings, genau gegenüber, so dass die Fußsohlen gegeneinanderzeigen. Auf ein Startzeichen stützeln die Paare in eine festgelegte Richtung, ohne dass die Füße die Innenmarkierung verlassen (z.B. Kreis von 30 - 40 cm ∅ ). Sieger ist, wer zuerst an den markierten Ausgangspunkt zurückkehrt.

- ↳ Ausführung nach Zeit oder als Verfolgungsrennen
- ↳ Die Füße befinden sich auf einem Turnhocker.
- ↳ Vier Schüler befinden sich sternförmig im Liegestütz. Dabei kann eine Einzel- oder Mannschaftswertung vorgenommen werden.

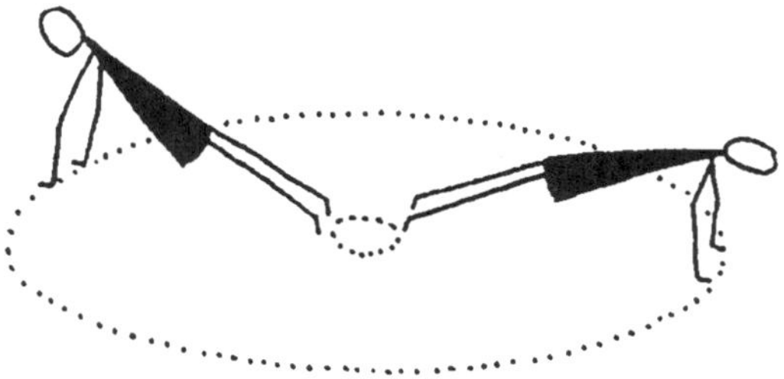

# Kleine Spiele

**Ziele und Aufgaben:**

Partnerspiele zur Schulung der allgemeinen Körperkräftigung.

**Geräte:**

- Beim Spiel „Rangeln“ - eventuell so viele Medizinbälle wie Schüler
- Beim Spiel „Stütz-Mühle“ - eventuell Turnhocker

**Hinweise:**

Bei den Kampfspielen unbedingt auf Sicherheit achten, Uhren und Schmuckgegenstände ablegen.
Nicht zu viel Ehrgeiz aufkommen lassen.
Der Liegestützkampf sollte auf einer Weichbodenmatte ausgeführt werden.

Liegestützkampf:

Die Partner gehen in den Liegestütz vorlings und schauen sich an. Jeder versucht, mit einer Hand auf die Hand des Partners zu schlagen, ohne selbst getroffen zu werden. Sieger ist derjenige, der die meisten Treffer erzielt.

- ↳ Die Beine übereinanderlegen, so dass nur ein Fuß den Boden berührt.
- ↳ Partner reichen sich die Hand und versuchen, sich gegenseitig aus dem Gleichgewicht zu ziehen.
- ↳ Jeder versucht, einen Unterarm des Partners wegzuziehen.

☞ Unbedingt eine Weichbodenmatte benutzen.

Krabbenkampf:

Die Partner begeben sich in die „Krabbenstellung“, d.h. Fuß-Hand-Stütz rücklings mit gebeugten Armen und Beinen. Das Gesäß ist vom Boden abgehoben und das Körpergewicht ist auf Hände und Füße verteilt. Immer mindestens auf drei Gliedmaßen gestützt, gehen die Partner in den Kampf und versuchen, sich gegenseitig aus dem Gleichgewicht zu bringen. Sieger ist, dem es gelingt, den Partner mit dem Gesäß auf den Boden zu zwingen.

- ↳ Kampf nur mit den Füßen oder Händen
- ↳ Kampf mit Händen und Füßen, mit ganzem Körper

Bodenschnelle:

Aus dem Liegestütz in den Hockstand - Sprung seitwärts über den heranrollenden Partner, im Wechsel.

- ↳ Dasselbe, aber Sprung aus dem Liegestütz ohne und mit Handklatsch

Rangeln:

Die Partner stehen sich gegenüber, reichen sich die Hand und setzen die Außenkanten des vorderen Fußes fest aneinander. Der andere Fuß wird zurückgestellt. Nun versucht jeder, durch Ziehen, Schieben oder auch Seitwärtsdrücken den Partner aus dem Gleichgewicht zu bringen. Verlierer ist, wer zuerst sein Standbein verändert.

- ↳ Das hintere Bein darf seine Stellung ebenfalls nicht verändern.
- ↳ Einhängen der Mittelfinger (Fingerhakeln)
- ↳ Die Partner stehen sich in Schrittstellung gegenüber, wobei sich alle vier Füße auf einer Linie befinden. Bei gebeugten Arm wird eine Hand offen vor dem Körper gehalten. Durch Schläge gegen die Hand soll der Partner aus dem Gleichgewichtgebracht werden. Täuschungen und Ausweichbewegungen sind gestattet.
- ↳ wie oben, jedoch auf einer Turnbank

| Körperformung | Kleine Spiele |
|---|---|
| <u>Dreier-Federn:</u><br>Drei ungefähr gleich große und gleich schwere Schüler bilden einen Innenstirnkreis. Die Füße sind hüftbreit gegrätscht. Die Schüler drücken die Handflächen gegeneinander, spannen den Körper an und lehnen sich zur Kreismitte. Durch gleichzeitiges kräftiges Abdrücken schnellen sie in die Ausgangsposition zurück und lassen sich wieder zur Mitte fallen usw.<br>Der Abstand der Füße von der Mitte kann mit zunehmender Sicherheit vergrößert werden.<br>↳ Veränderung der Gruppenstärke<br><br><u>Dreier-Turbo:</u><br>Drei ungefähr gleich schwere Schüler bilden ein Turbinenrad, indem sie sich an den Handgelenken fassen (Die Fußspitzen sind ca. 10cm voneinander entfernt.) und sich nach hinten lehnen, bis ihre Arme vollständig gestreckt sind. Die Füße bleiben am Ort, der Körper wird gespannt durch Strecken der Kniegelenke, Hüfte, Arme und Zusammenpressen der Gesäßmuskulatur. Beginnend mit kleinen Sprüngen oder mit Hilfe von „Sidesteps" dreht sich das „Turbinenrad" zunächst langsam, dann immer schneller.<br>↳ Veränderung der Gruppenstärke | **Ziele und Aufgaben:**<br>Kleingruppenspiele (Dreiergruppen) zur Vorbereitung und Schulung der Körperspannung<br><br>**Geräte:**<br>Je Gruppe 1-2 Gymnastikstäbe<br><br>**Hinweise:**<br>Bei der Herkules-Staffel darauf achten, dass der Träger nicht in das Hohlkreuz geht.<br>Für genügend Abstand unter den Gruppen sorgen und darauf achten, dass die Schüler nicht übertreiben. Unerfahrene Schüler langsam an die Spiele heranführen, eventuell auf gegenseitige Rücksichtnahme hinweisen. Fehlendes Spielvertrauen äußert sich in mangelhafter Körperspannung. |

Tragestaffel:

Die Schüler bilden Dreiergruppen. Zwei Schüler tragen mit Hilfe eines Gymnastikstabes den dritten, der sich mit den Händen im Klimmzug festhält (Der Kopf schaut über den Stab, die Füße berühren nicht den Boden.) über eine festgelegte Strecke. Danach erfolgt zweimal ein Rollenwechsel, so dass jeder Schüler einmal getragen wird.

- Die Träger laufen hinter- oder nebeneinander.
- Veränderung der Position des „Getragenen“:
  - zusätzlich Einhängen eines Beines,
  - Sitzen auf dem Stab,
  - im Stütz,
  - Stehen auf zwei Stäben und Festhalten an den Schultern des Vordermannes.

Herkules-Staffel:

Drei körperlich gleichstarke Schüler bilden eine Gruppe. Zwei Schüler hängen sich in der für sie angenehmsten und leichtesten Weise an den dritten. Dieser läuft über eine vorher festgelegte Strecke, ohne dass die anderen mit den Füßen den Boden berühren. Jeder der drei Partner muss einmal der Träger sein.

- Festlegen der Trageposition (auf den Armen, über den Schultern, auf der Schulter usw.)

Steifer Mann:

Die Schüler üben in Dreiergruppen. Ein Schüler steht in der Mitte, die anderen in ca. 50 cm Abstand davor und dahinter. Der Mittelmann macht sich „steif“, d.h. er spannt den Körper durch Anlegen der Arme an den Körper und Zusammenpressen der Pobacken, und lässt sich zunächst nach vorn fallen, ohne die Körperspannung aufzugeben. Der vordere Schüler fängt ihn durch Zupacken am Brustkorb oder an den Oberarmen ab und stößt ihn über die Senkrechte auf die andere Seite. Von dort wird er wieder zurückgestoßen usw.. Jeder Schüler ist einmal der „Steife Mann“.

- Der „Steife Mann“ dreht sich in der senkrechten Position um 180° und lässt sich zunächst nur vorwärts fallen, später nur rückwärts.
- Vier Schüler besetzen die Außenpositionen. Der Mittelmann dreht sich um jeweils 90° oder lässt sich auch zur Seite fallen.
- Mehrere Schüler bilden einen Kreis und reichen den Mittelmann herum (auch im Sitzen möglich).
- Wie oben, der Mittelmann dreht sich dabei um die Längsachse.
- Der „Steife Mann“ schließt die Augen.

# Körperformung

Schildball:

Die Schüler werden in zwei Mannschaften eingeteilt. Die Hasen bewegen sich mit dem Medizinball, den sie als Schild benutzen, in einem markierten Feld (Kreis, Volleyballfeld). Die Jäger verteilen sich um das Spielfeld und versuchen, durch schnelles Zuspiel eines Softballs die Hasen abzuwerfen. Nach dem Rollentausch entscheidet die höhere Anzahl der Körpertreffer über den Sieg.

- Die Jäger spielen mit zwei oder mehreren Bällen.
- Der Medizinball wird durch eine Bodenmatte ersetzt, die von vier Spielern getragen wird.

# Kleine Spiele

**Ziele und Aufgaben:**

Mannschaftsspiele zur Schulung der allgemeinen Kraftausdauer

**Geräte:**

Büffelschwanzjagd: farbige Bänder
Tunnelball: 2-3 Medizinbälle; evtl. 2-3 Turnbänke
Schildball: 10-12 Medizinbälle; 1-4 Softbälle; evtl. 3 Turnmatten

**Hinweise:**

Die Kampfspiele verlangen ein konsequentes Durchgreifen des Lehrers. Bei groben Unsportlichkeiten (z.B. Beinstellen, Stoßen mit dem Knie, Wegstoßen oder -schleudern des Gegners) muss das Spiel sofort unterbrochen und der betreffende Schüler nachhaltig ermahnt werden.

Büffelschwanzjagd:

Die Schüler bilden Paare, von denen je ein Schüler den Partner auf den Rücken nimmt. Im Hosenbund des oberen Spielers ist ein Band o. ä. so befestigt, dass es zu zwei Dritteln aus der Hose hängt. Jedes Paar versucht, so viele Bänder wie möglich zu erbeuten, wobei eine Verteidigung nur durch geschickte Ausweichbewegungen und nicht durch die Hände gestattet ist. Auch Rempeln und Umstoßen sind untersagt. Nach längstens zwei Minuten werden die Partnerrollen getauscht.

- Nur der untere/obere Partner darf Band entfernen
- Einteilung von Fängerpaaren ohne „Büffelschwanz". Jedes gefangene Paar wird ebenfalls zum Fänger, bis die ganze Herde gefangen ist.
- Vereinbarung einer festen Kampfzeit, dabei dürfen die erbeuteten Bänder zurückerobert werden.
- Wie oben, jedoch als Mannschaftskampf

Tunnelball:

Die Schüler werden in gleichstarke Mannschaften eingeteilt (8 -10 Schüler), die sich in einer Reihe dicht nebeneinander auf den Bauch legen. Ein Schüler steht mit einem Medizinball vor der Reihe, ein zweiter dahinter. Auf ein Zeichen des Ballführenden gehen alle in den Liegestütz, der Ball wird unter den Spielern hindurchgerollt und von dem letzten aufgenommen.

Während dieser nach vorn läuft, legen sich alle wieder auf den Bauch und warten auf das nächste Signal. Sieger ist die Mannschaft, die am schnellsten die geforderten Durchgänge schafft.

- Der Abstand zwischen den Schülern wird vergrößert, so dass der Zurücklaufende die Mitschüler überspringen oder im Slalom umlaufen kann.
- Modifizierung des Liegestütz (verkürzt, von der Bank, mit Anheben eines Beines, auf den Fingerspitzen, einarmig)
- Die Schüler legen sich auf den Rücken und gehen in den Liegestütz rücklings, in die Brücke oder heben die Beine an.

## Körperformung

Ziehkampf:

( beid - bzw. einhändig )

„Schubkarre“:

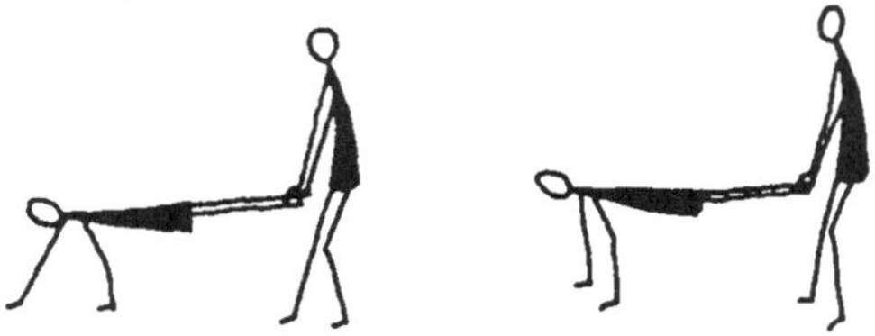

☞ Arme gestreckt; Handfassung am Oberschenkel

Partnerstemmen:

☞ Der Obere drückt sich an der Sprossenwand mit nach oben.

## Partnerübungen

**Ziele und Aufgaben:**
Übungen zur Kräftigung der Arm - und Schultermuskulatur

**Hinweise:**
Körperlich gleich große und gleich schwere Partner sollten zusammen üben. Dabei ist darauf zu achten, dass beim Liegestützbeugen und Klimmziehen eine gute Körperspannung gehalten wird. Das Partnerstemmen ist so durchzuführen, dass sich der obere Schüler an der Wand oder an einem Gerät festhalten kann und damit die Last dosiert.

## Liegestützbeugen:

- durch den oberen Partner

- durch den unteren Partner

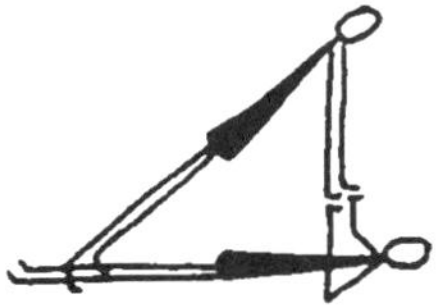

- durch beide Partner

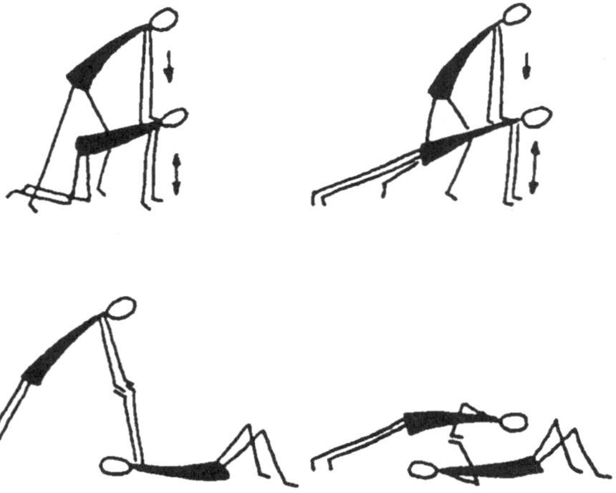

## Klimmziehen:

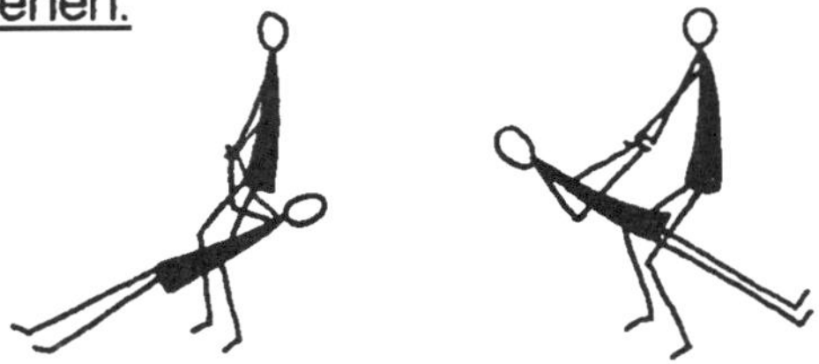

## Toter Mann:

## Abduktoren und Rotatoren des Schultergelenks:

☞ Ein Partner gibt leichten Widerstand.

# Körperformung

Aufrichten gegen Partnerwiderstand:
- aus dem Sitz

Pelvis Lift:

☞ nur Becken anheben

# Partnerübungen

**Ziele und Aufgaben:**
Übungen zur Kräftigung der Rumpfmuskulatur

**Hinweise:**
Um Schädigungen im Bereich der Lendenwirbelsäule zu vermeiden, sind die Übungen des Bein- und Rumpfhebens mit leicht gebeugten Kniegelenken durchzuführen.
Besondere Vorsicht ist auch beim Aufrichten gegen den Partnerwiderstand geboten. Zunächst mit geringer Amplitude und leichtem Partnerwiderstand üben lassen.

Rumpfheben:

- aus der Rückenlage

- aus der Seitlage

Kombination Beinheben / Rumpfheben:

☞ Beide Schüler haben die Beine angewinkelt.

Rumpfdrehen:

- aus der Rückenlage / Bauchlage

☞ In Rückenlage sind die Beine angestellt.

- aus dem Sitz

☞ Ein Partner gibt leichten Widerstand.

Beinkreisen:

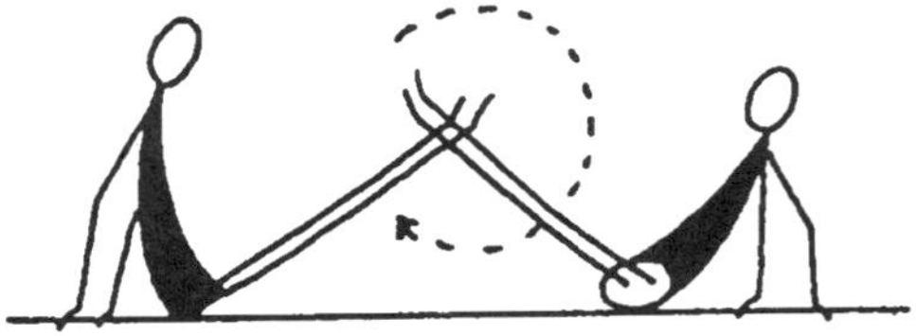

## Körperformung

Beinpresse:

☞ Der Partner wird weggestoßen.

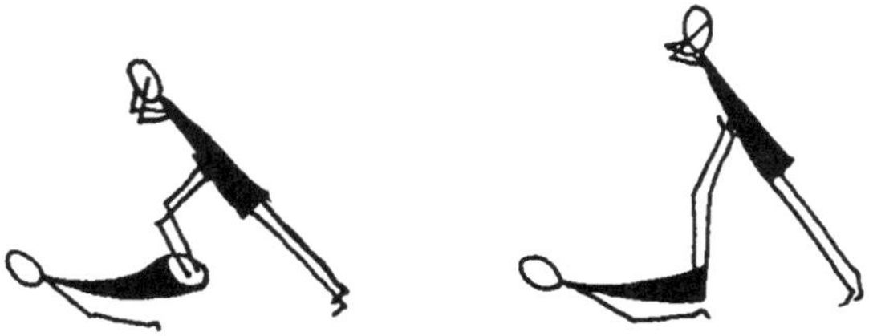

## Partnerübungen

**Ziele und Aufgaben:**
Übungen zur Kräftigung der Beinmuskulatur

**Hinweise:**
Bei häufiger unsachgemäßer Ausführung kann es zu Schädigungen besonders in den Kniegelenken kommen. Deshalb:

- Kniebeugen und Sprünge aus und bis 90° Kniewinkel,
- Kniebeugen mit aufrechtem Oberkörper (nicht zu schwere Partner!) durchführen.

Der obere Schüler sichert sich an der Sprossenwand o. ä.!

Kniebeugen:

Hocksprünge:

Glockenziehen:

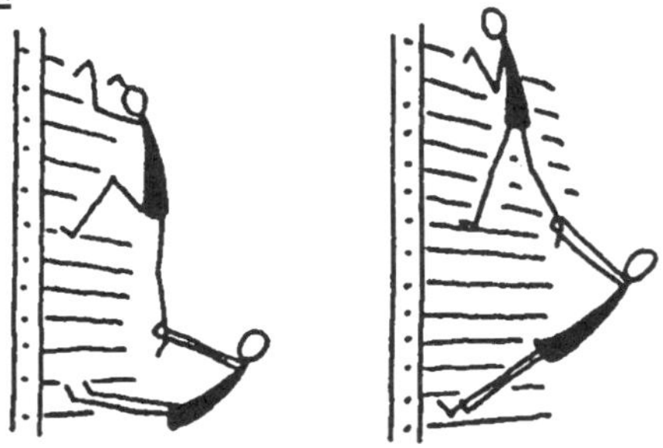

Strecken und Beugen der Beine:

- aus der Bankstellung

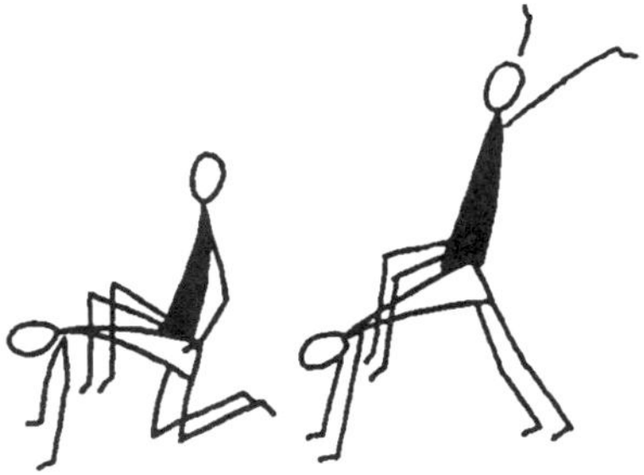

Rumpfbeugen aus dem Kniestand:

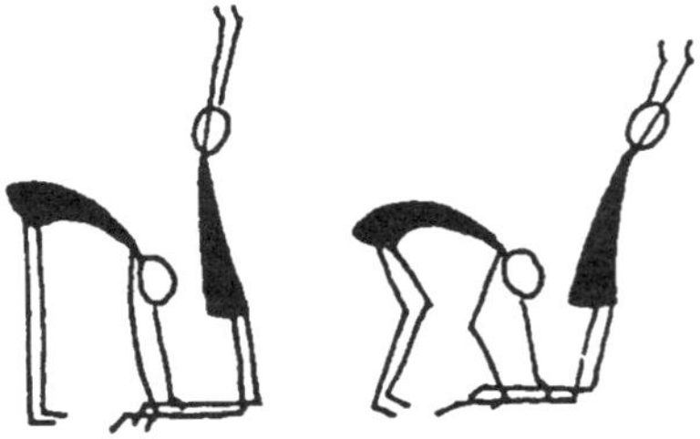

# Körperformung

### 7. Rumpfmuskulatur (Rücken):

Die Partner stehen sich mit dem Rücken so gegenüber, dass sie sich den Medizinball durch die gegrätschten Beine zureichen können. Nach dem Aufrichten wird er über dem Kopf wieder übergeben.

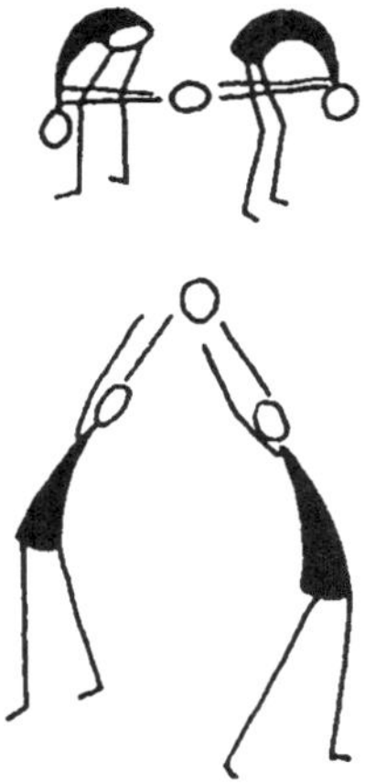

### 8. Arm- und Schultergürtelmuskulatur:

Die Partner verlagern ihr Körpergewicht gleichzeitig auf einen Arm und schlagen im Wechsel ihre rechten bzw. linken Hände zusammen. Kurze Ruhepausen in der Bauchlage können eingelegt werden.

# Übungen an Stationen

**Ziele und Aufgaben:**

Dieser 8-Stationen-Kreis ist ein Beispiel für ein allgemeines Muskeltraining unter schulischen Bedingungen. Er bietet die Möglichkeit, viele Schüler gleichzeitig üben zu lassen bei relativ geringem Geräteaufwand. Durch die Stationsfolge ist gewährleistet, dass verschiedene Muskelgruppen beansprucht werden. Die Übungen selbst sind durch andere mit ähnlicher Wirkung beliebig austauschbar, wenn nötig mit veränderter Belastungsintensität.

**Geräte:**(für einen Kreis)

3 Medizin-/Hohlbälle, Turnhocker, 4 Matten, 1 Bank, 2 Gymnastikstäbe (Sprungseile), Sprossenwand

**Hinweise:**

Es können bei entsprechendem Gerätebestand und Platzangebot bis zu 4 Paare gleichzeitig üben. Es kann aber auch in Form von konzentrischen Kreisen gearbeitet werden, d.h. es üben immer nur 2 Paare, während die anderen Pause haben und die Stationen wechseln usw. . Das setzt aber voraus, dass mit gleichen Pausen- und Serienzeiten geübt wird, eine Variante, die anfangs ohnehin bevorzugt werden sollte (20/20 oder 30/30 Sekunden).

1. Rumpfmuskulatur Bauch):

Der zwischen die Füße geklemmte Medizinball wird nach dem Über-rollen hinter dem Kopf abgelegt, von dem Partner übernommen und nach einer Drehung um 180° im Sitz auf die gleiche Weise wieder zurückgegeben.

2. Beinmuskulatur:

Die Partner stehen sich gegenüber, führen gleichzeitig einen Streck-sprung durch und schlagen in der Luft mit den Händen aneinander. Nach der Landung wird ein Zwischenhupf durchgeführt und erneut abgesprungen. Eine Erhöhung der Belastung kann durch zusätzliches Anhocken der Beine oder durch Weglassen des Zwischensprunges erzielt werden.

3. Rumpfmuskulatur (Rücken):

Ein Hohlball wird zwischen den auf dem Bauch liegenden Partnern beidhändig hin- und hergeworfen. Der Ball muss vor jedem Wurf den Boden berühren; die Ellenbogen werden beim Wurf vom Boden gelöst.

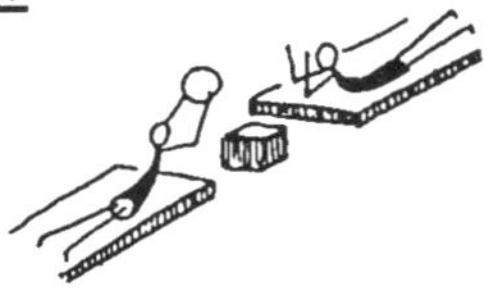

4. Arm- und Schultergürtelmuskulatur:

Eine Bank wird von beiden Partnern gleichzeitig nach oben gestoßen und wieder auf die Brust gesenkt. Etwas geringer wird die Belastung, wenn die Übung wechselseitig ausgeführt wird.

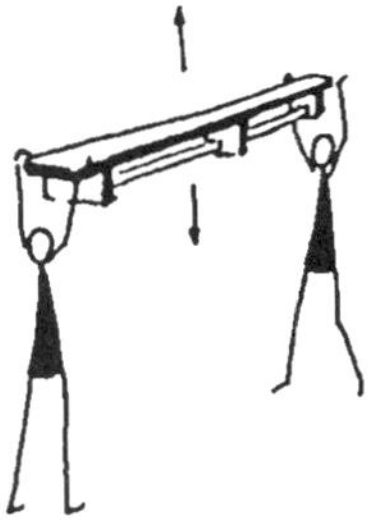

5. Rumpfmuskulatur (Bauch):

Die auf dem Rücken liegenden Schüler bringen die angehockten Beine über einen Gymnastikstab oder ein zusammengelegtes Seil, ohne die Hände zu lösen. Danach werden die Beine wieder in die Strecklage zurückgebracht und die Füße des Partners kurz berührt.

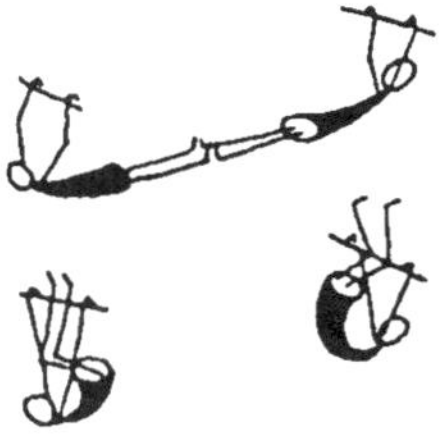

6. Beinmuskulatur:

Während der Beuge- und Streckbewegung sollte sich der oben befindliche Partner möglichst passiv verhalten. Lediglich bei ungleichen Paaren kann er durch Entlastung etwas unterstützen. Die Kniegelenke sollten nicht in die völlige Streckung gebracht werden. Partnerwechsel beim nächsten Durchgang.

# Körperformung

# Übungen ohne Gerät

Arme/Schultergürtel:
- Greifübungen mit den Fingern
- Armstoßen nach vorn, oben, zur Seite
- Liegestütz vorlings
  - ➪ Beugen und Strecken beider Arme
  - ➪ Beugen und Strecken der Arme mit Rückspreizen eines Beines
  - ➪ Beugen und Strecken der Arme mit Handklatsch
  - ➪ Vorwärts bewegen, die Beine schleifen hinterher
  - ➪ Drehen in den Liegestütz rücklings und zurück
- Liegestütz rücklings
  - ➪ Beugen und Strecken der Arme
  - ➪ Beugen und Strecken der Arme mit Vorhochspreizen eines Beines
  - ➪ Krebsgang vor- und rückwärts
- Bauchlage, die im Ellenbogen gebeugten Arme liegen seitwärts am Boden. Arme so weit wie möglich vom Boden abheben und dabei die Schulterblätter aneinander annähern

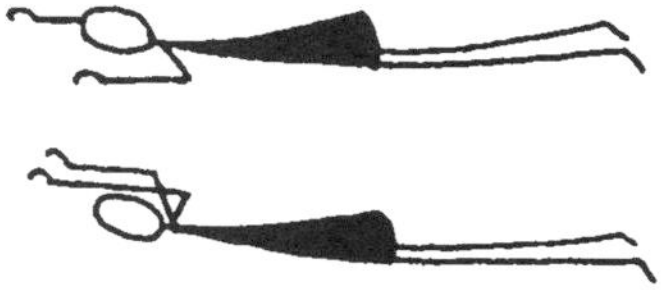

**Ziele und Aufgaben:**

Übungen zur Kräftigung der Rumpf- sowie Arm- und Schultermuskulatur

**Hinweise:**

Bei den Übungen ist darauf zu achten, dass das Becken fixiert ist und kein Hohlkreuz eingenommen wird. Ebenso sollte beim Rumpfaufrichten die Lendenwirbelsäule auf dem Boden fixiert werden. Diese Maßnahmen sind notwendig, um die Wirbelsäule zu schonen.

Rumpf:

- Bewegen des Oberkörpers
  - „Holzhacken“ im Seitgrätschstand
  - Rumpfbeugen ohne Nachfedern im Stand oder im Strecksitz mit geschlossenen oder gegrätschten Beinen
- Bankstellung rücklings auf den Unterarmen, Strecken des Hüftgelenks, bis der Oberkörper und die Oberschenkel sich auf einer Linie befinden

- Rumpfdrehen
  - im Stand oder im Sitzen
  - mit verschiedenen Armhaltungen
- Rumpfaufrichten aus der Bauchlage; Arme in Nacken- oder Vorhalte

☞ Blick zum Boden, dabei Oberkörper nur wenige Zentimeter anheben, damit kein Hohlkreuz entsteht ; **Beckenrolle verwenden**

- Rumpfaufrichten aus der Rückenlage
  - mit angestellten Beinen, Arme sind nach vorn gestreckt, den Oberkörper langsam einrollen und die Hände in Richtung Unterschenkel schieben
  - dasselbe, jedoch Knie- und Hüftgelenk rechtwinklig gebeugt und Arme vor der Brust gekreuzt
  - dasselbe, jedoch rechte Schulter lösen und Hände am linken Oberschenkel vorbeiführen

- Bankstellung, Wechsel zwischen gekrümmtem und gestrecktem Rücken
- Bewegungen der Beine
  - vor-, rück- und seitwärts schwingen
  - hohes Vorspreizen links und rechts im Wechsel
  - Beinkreisen im Stand, Sitz oder Liegen; rechts, links oder beidbeinig
  - Beinheben aus der Rückenlage oder aus dem Sitz (Anheben bis zur Senkrechten, grätschen, achterkreisen, hocken, strecken, scheren, usw.)
  - Radfahrbewegungen

| Körperformung | Übungen ohne Gerät |
|---|---|
| ↳ dasselbe, jedoch oberes Bein im Hüft- und Kniegelenk beugen und vor dem gestreckten unteren Bein aufstellen - unteres Bein so weit wie möglich vom Boden abheben und wieder senken  | **Ziele und Aufgaben:**<br>Übungen zur Kräftigung der Bein- und Hüftmuskulatur<br><br>**Hinweise:**<br>Diese Übungen eignen sich für eine allgemeine Kräftigung, können aber auch (besonders das Seitspreizen aus der Seitenlage) für ein gezieltes Einzelmuskeltraining genutzt werden. |

Beine:

- Wechsel von Sohlenstand und hohem Zehenstand
  - ein- oder beidbeinig; wechselseitig
  - am Ort oder in Bewegung
- unterschiedliche Gangarten
  - Zehen-, Fersen- oder Ballengang
  - federndes Gehen
  - in der Hockstellung
  - Ausfallgehen
- Kniebeugen
  - beidbeinig oder einbeinig
  - im Zehen- oder Sohlenstand
  - Halbe (90°) oder Viertelkniebeuge (120°)
  - langsam beugen - schnell strecken
  - schnell beugen - langsam strecken
  - Beugen und Strecken nach Zählzeiten
- Hüpf- und Sprungübungen am Ort
  - auf einem Bein, beidbeinig oder von einem auf das andere Bein
  - ohne und mit Zwischenhupf
  - mit Veränderung der Beinhaltung: Hocken, Grätschen, Spreizen, Anfersen
  - mit Drehungen
  - Strecksprünge, Hockstrecksprünge mit und ohne Anhocken der Beine
- Hüpf- und Sprungübungen in der Bewegung
  - Hopserlauf - flach, betont weit, betont hoch
  - Sprungschritte - betont weit, betont hoch
  - Kniehebelauf
  - Hüpfen in der tiefen Kniebeuge - vor-, rück- und seitwärts
  - Schlusssprünge
  - Dreierhop
- Seitspreizen der Beine aus der Seitlage
  - unterer Arm gestreckt, oberer Arm vor dem Körper abgestützt - oberes Bein so weit wie möglich abspreizen, ohne die Hüfte zu beugen

  - dasselbe, jedoch oberes Bein halten und danach unteres Bein anspreizen, bis es das obere berührt, und wieder absenken

## Körperformung

Rumpf:

- siehe Übungen ohne Gerät - mit Fixierung des Oberkörpers an der Sprossenwand bzw. Auflegen der angewinkelten Beine auf Turnbank oder Turnhocker
- Querstand an der Sprossenwand, schulterhoher Ristgriff mit innerem Arm, Seitspreizen des äußeren gestreckten Beines mit Seitheben des äußeren Armes
- Streckhang rücklings mit Ristgriff an der Sprossenwand

↳ Heben eines oder beider Beine in die Waagerechte

↳ Heben beider Beine bis zur Waagerechten - grätschen, scheren, schwenken

↳ Anhocken der Beine - strecken, hocken, senken

☞ Die Knie dabei leicht beugen!

## Übungen am Gerät

**Ziele und Aufgaben:**
Übungen zur Kräftigung von Arm -, Schulter - und Rumpfmuskulatur

**Geräte:**
Sprossenwände, Sprungkästen, Turnbänke, Sprunghocker, Reck, Barren, Stufenbarren, Taue, Schwebebalken, Ringe, Kletterstangen, Leitern

**Hinweise:**
Für die Entwicklung der Kraftausdauer (und hier ist der eigene Körper eine ausreichende Belastung) werden 15-25 Wiederholungen oder Übungszeiten von 40-60 Sekunden empfohlen.
Bei den Zugübungen werden auf Grund der höheren Gesamtlast diese Wiederholungszahlen nicht geschafft. Diese Übungen eignen sich daher gut für den Muskelaufbau.

**Arme/Schultergürtel:**

- Arm beugen und strecken

↳ an der Wand, Sprossenwand, Sprungkasten o.ä.

↳ von der Turnbank, vom Sprunghocker o.ä.

↳ zwischen zwei Kästen oder Sprunghocker, o.ä.

↳ Oberschenkel oder Unterschenkel liegen auf.

↳ auf den Händen oder Fingerspitzen

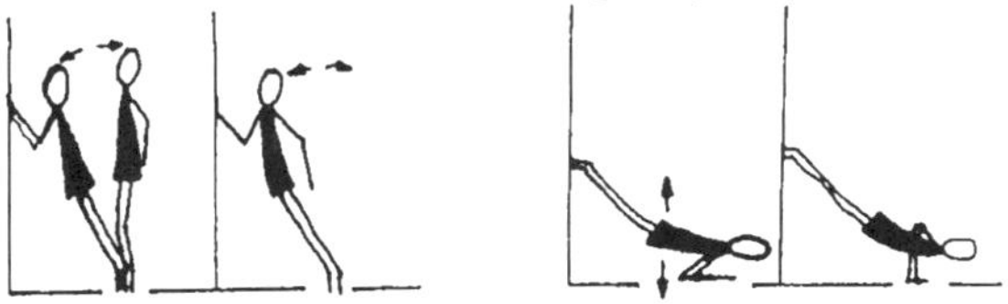

↳ Abschnellen vom Boden mit Händen und Füßen

↳ am Barrenende ohne und mit Schwung

↳ Stützeln durch den Barren

↳ Stützhüpfen durch den Barren

- Zugübungen (im Ristgriff, Kammgriff oder Zwiegriff)

↳ Klimmziehen am Reck, Barren, Stufenbarren, Schwebebalken, an Ringen, Leiter oder Sprossenwand

↳ Klimmziehen aus dem Streckhang, Liegehang, Schrägliegehang

↳ mit verschiedener Griffweite

↳ mit zusätzlicher Belastung (Gewichts-manschetten, -westen, o.ä.)

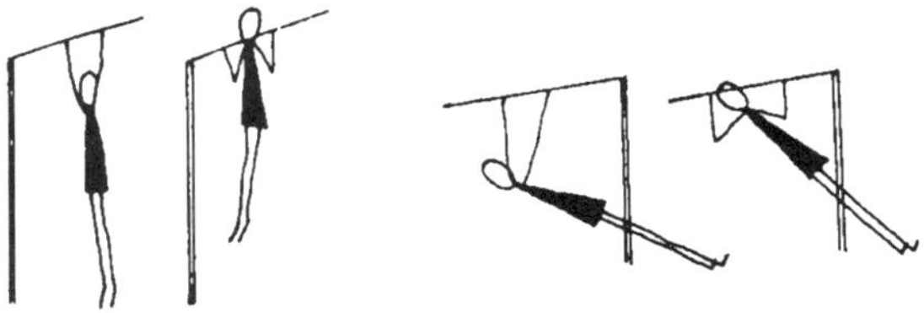

↳ Ziehen in den Nacken

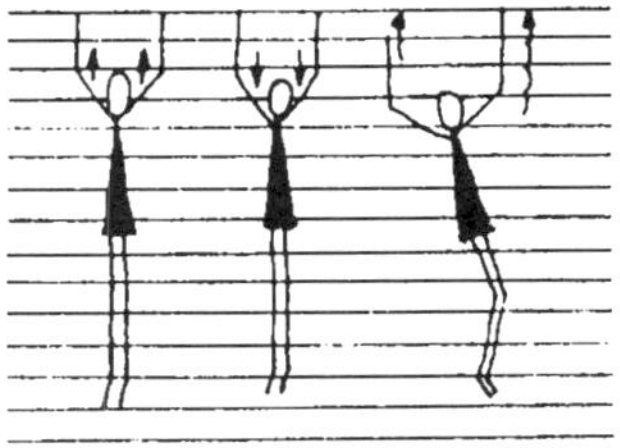

↳ mit Vorhalten der Beine

↳ Klettern an Stange und Tau

- Halteübungen

↳ Hängen und schwingen an Reck, Barren und Ringen - mit verschiedenen Handhaltungen; mit Hocksturzhang oder Strecksturzhang; Überdrehen vor- und rückwärts

↳ Schaukeln am Tau- nach Absprung vom Kasten; von Kasten zu Kasten (gleich hoch, verschieden hoch); mit halber Drehung; mit Niedersprung am Ende des Rückschaukelns

| Körperformung | Übungen am Gerät |
| --- | --- |

## Körperformung

- Sprünge auf oder über Geräte (Medizinbälle, Stäbe,
Kastenteile, Turnbänke, Reifen u.ä.)

↳ ein- oder beidbeinig

↳ vor- oder seitwärts

↳ mit oder ohne Zwischenhupf

↳ mit oder ohne Anhocken der Beine

↳ mit oder ohne Zusatzlast

↳ Zonenspringen ohne und mit Richtungswechsel

↳ aus dem Grätschstand - Bank zwischen den Beinen - Aufsprung auf die Bank am Ort, in der Vorwärtsbewegung, ohne und mit zusätzlicher Belastung

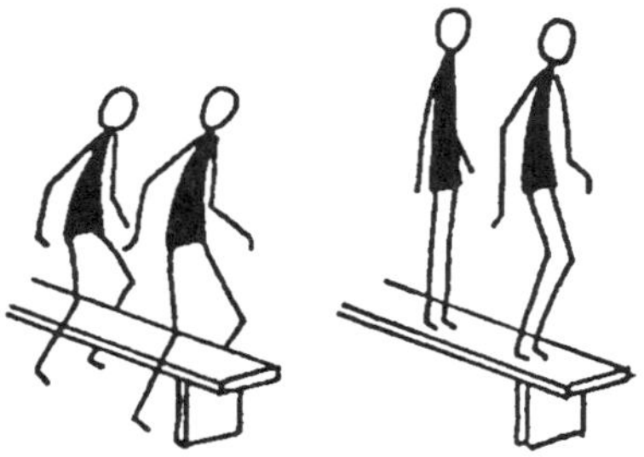

↳ Treppensprünge (ansteigende Kastenhöhe)

☞ Bodenmatte zum Abfedern

## Übungen am Gerät

**Ziele und Aufgaben:**
Übungen zur Kräftigung von Rumpf - und Beinmuskulatur

**Geräte:**
Sprossenwände, Turnbänke, Kastenoberteile, Medizinbälle, Stäbe, Reifen u.ä.

**Hinweise:**
Für die Entwicklung der Kraftausdauer (und hier ist der eigene Körper eine ausreichende Belastung) werden 15-25 Wiederholungen oder Übungszeiten von 40-60 Sekunden empfohlen.
Das kann als Grundlage für ein gezieltes Muskelaufbautraining angesehen werden.

Rumpf:

- Streckhang vorlings an der Sprossenwand
  - ↳ Zurückführen des linken und rechten Beines im Wechsel
  - ↳ Zurückführen beider Beine - langsam senken

- Wechsel zwischen Außenquersitz links und rechts auf der Turnbank mit Stütz der Hände hinter dem Körper
- Grätschsitz (Reitsitz) auf der Turnbank
  - ↳ Rumpfsenken und -heben
  - ↳ Rumpfseitbeugen links und rechts
  - ↳ Rumpfdrehen
  - ↳ Heben der leicht gebeugten Beine über den Kopf des Vordermannes
- Bauchlage auf der Turnbank (Arme in Vorhalte)
  - ↳ längs - Arme und Beine drücken gegen die Unterlage - entspannen
  - ↳ quer - Oberkörper und Beine anheben und senken (nur bis zur Waagerechten)
  - ↳ dasselbe, aber in der Waagerechten. Ausführen verschiedener Schwimmbewegungen
  - ↳ dasselbe, aber in der Waagerechten, schnell - kräftiges Armstoßen (Luftboxen)
- Liegestütz rücklings mit Stütz der Hände auf der Turnbank
  - ↳ Beinheben links und rechts im Wechsel
  - ↳ Knieheben links und rechts im Wechsel

Beine:

- Schritt- und Steigeübungen an der Langbank oder am Kastenoberteil
  - ↳ links aufsteigen - rechts absteigen - halbe Drehung; rechts aufsteigen - links absteigen - halbe Drehung usw.
  - ↳ ohne oder mit Zusatzbelastung
- Kniebeugen mit Handfassung an der Sprossenwand
  - ↳ ein- oder beidbeinig
  - ↳ ohne oder mit Zusatzbelastung
  - ↳ halbe (bis 90° Winkelstellung im Kniegelenk) oder Viertelkniebeuge (bis 120° Kniewinkel)

☞ Das Kniegelenk nicht völlig strecken!

| Körperformung | Übungen mit Gerät |
| --- | --- |
| Rumpf:<br>- siehe Übungen ohne Gerät - Erhöhung der Anforderungen durch Verwendung von Seil, Stab, Keule, Reifen, Ball (Hohlball, Medizinball, Vollball), Gewichtsmanschetten<br>- Aufheben und Ablegen von Geräten<br>↳ vor und neben dem Körper<br>↳ im Stand, Kniestand, im Sitz<br>- Strecksitz - Fußsohlen gegen ein Seil oder Stab stemmen, Beine durch kräftigen Armzug an den Körper heranziehen und gegen den Widerstand der Arme strecken<br>- Ballwerfen<br>↳ durch die gegrätschten Beine<br>↳ über den Kopf nach vorn oder hinten<br>↳ aus der Rückenlage<br>↳ seitwärts über den Kopf | **Ziele und Aufgaben:**<br>Übungen zur Kräftigung der Arm- und Schultermuskulatur sowie der Rumpfmuskulatur<br><br>**Geräte:**<br>Keulen, Medizinbälle, Stäbe, Seile, Gewichtsmanschetten sowie Stab- oder Rundgewichte<br><br>**Hinweise:**<br>Die Belastung ist optimal für den Muskelaufbau, wenn 10-15 Wdh. oder Übungszeiten von 20-30 Sekunden in 3 Serien gerade so geschafft werden. Höhere Belastungen führen zu einer Verkürzung der Übungszeit bzw. der Wiederholungszahl und fördern die Maximalkraftentwicklung. Das sollte im Schulsport vermieden werden. |

Arme/Schultergürtel:

- Formen des Schwingens mit Keule, Medizinball, Stab, Seil, usw.
- Werfen und stoßen, drücken mit schweren Geräten

↳ Ball (Med.Ball) hoch werfen und fangen - im Gehen, Stehen, Sitzen, Laufen; beidhändig oder einhändig werfen bzw. fangen; Bogenwurf vom rechten zum linken Arm und zurück

↳ Ball über hohe Hindernisse oder zum Partner werfen

↳ Ball gegen eine Wand werfen und fangen - Druckwurf, Schlagwurf, Schockwurf; einhändig oder beidhändig

↳ Ball stoßen - hoch stoßen und auffangen; über hohe Hindernisse stoßen; zum Partner stoßen; aus verschiedenen Stellungen stoßen (Grundstellung, Grätschstellung, Schrittstellung)

↳ Mit Stab oder Gewichtsmanschette stoßen/drücken - von der Brust aus nach vorn oder zur Seite; beid- oder einarmig; im Stand oder im Sitz; vor oder hinter dem Kopf; gleichzeitig oder im Wechsel; aus der Rückenlage

↳ Bankdrücken

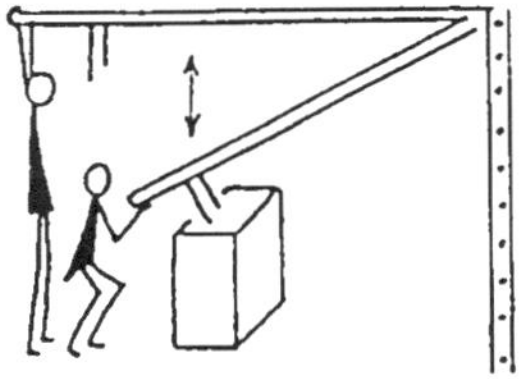

- Heben und ziehen von schweren Geräten

↳ Schulterheben mit Medizinball oder Gewichtsmanschette im Stand

↳ „Rudern“ eng mit Stab oder Rundgewicht (ziehen der Hände bis zum Kinn - Ellenbogen zeigen nach oben)

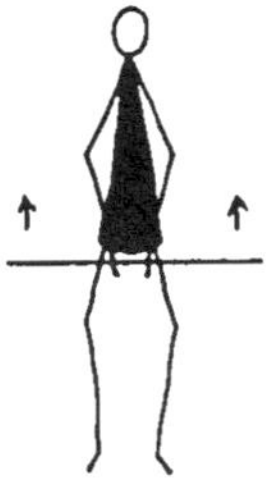

☞ Knie leicht gebeugt

↳ Seitheben der Arme mit Gewichtsmanschette bis in Schulterhöhe im Stand oder in Rückenlage bis über dem Kopf

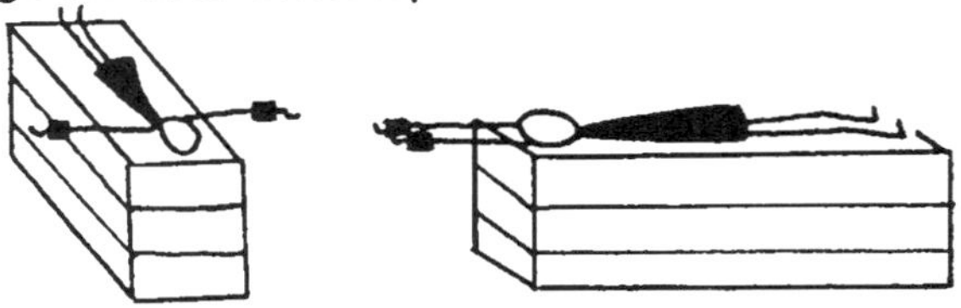

☞ Beine anstellen bzw. fixieren

| Körperformung | Übungen mit Gerät |
|---|---|
| ↳ Beincurls im Liegen auf der Turnbank oder Bodenmatte<br>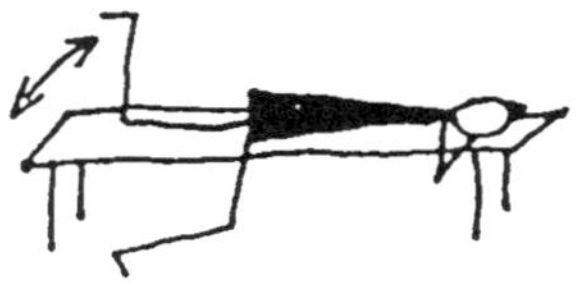 | **Ziele und Aufgaben:**<br>Übungen zur Kräftigung der Beinmuskulatur |
| ↳ Adduktoren-Schulung in Seitlage oder im Stand<br> | **Geräte:**<br>Zusatzgewichte (Sandsack, Gewichtsmanschette, Medizinbälle u.ä.), Sprungseile, Softbälle |
| ↳ Abduktoren-Schulung in Seitlage oder im Stand<br> | **Hinweise:**<br>Die Belastung ist optimal für den Muskelaufbau, wenn 10-15 Wdh. oder Übungszeiten von 20-30 Sekunden in 3 Serien gerade so geschafft werden. Höhere Belastungen führen zu einer Verkürzung der Übungszeit bzw. der Wiederholungszahl und fördern die Maximalkraftentwicklung. Das sollte im Schulsport vermieden werden. |

Beine:

- siehe Übungen ohne Gerät - Erhöhung der Anforderungen durch Verwendung von Zusatzgewichten (Sandsack, Gewichtsmanschetten, Medizinbälle, usw.)
- Hüpf- und Sprungübungen mit Sprungseil
  - ein- und beidbeinig
  - mit und ohne Zwischenhupf
  - Hüpfen vor-, rück- oder seitwärts
  - Schlusssprünge mit Doppelschlag
  - Hocksprünge über das zusammengelegte, mit beiden Händen gehaltene Seil und zurück
  - Vorwärts laufen mit dem Seil - mit hohem Knieheben; mit Schrittspringen
  - Springen über das zusammengelegte, mit einer Hand gehaltene Seil

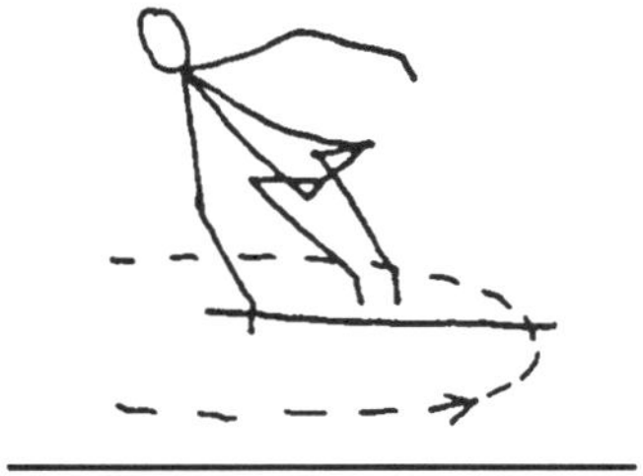

- Schlusssprünge, dabei Ball zwischen die Beine klemmen
  - vor-, rück- und seitwärts
  - mit und ohne Zwischenhupf
- Kniebeugen (bis höchstens 90°) an der Wand, unter Verwendung eines Stoffballes zwischen Wand und Rücken
  - ein- und beidbeinig
  - ohne und mit Zusatzlasten
  - mit Heben in den Zehenstand
- Übungen mit Gelenkmanschette
  - Beinlift im Sitzen

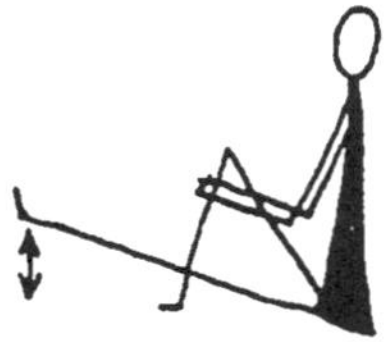

  - Beinkicks im Sitzen

# Körperformung

**Name, Vorname:**

| Datum | Klimmzüge Anzahl | Klimmzüge Punkte | Dreierhop links | Dreierhop rechts | Mittelwert | Punkte | Gesamtpunkte |
|---|---|---|---|---|---|---|---|
| | | | | | | | |

# Kontroll- und Testübungen

## Ziele und Aufgaben:

Klimmziehen zur Erfassung der Kraftausdauer der Armmuskulatur (Beuger). Damit sind Aussagen über die Ausprägung wesentlicher Muskelgruppen möglich, die den aktuellen Zustand charakterisieren und Grundlage für das weitere Üben sein können. Die Karten können kopiert und den Schülern zur Registrierung der Werte ausgehändigt werden. Bei kontinuierlicher und gewissenhafter Führung können sie zur Beurteilung der oberen Extremität und damit der Planung der weiteren Übungsgestaltung dienen.

## Geräte:

Hochreck, Band

## Hinweise:

Die Vergleichswerte sind eine gute Orientierungs- und Vergleichsgrundlage, da sie eine hohe Gültigkeit besitzen. Sie ermöglichen an Hand der Punktwerte eine Einschätzung des Entwicklungszustandes wichtiger Muskelgruppen und geben Hinweise auf eventuell vorhandene Problembereiche.

Klimmziehen:
Aus dem Streckhang am Hochreck (Ristgriff, schulterbreit) beugt der Schüler die Arme und zieht den Körper hoch, bis die Kinnspitze die Stange berührt. Danach senkt er wieder in den ruhigen Streckhang ab und wiederholt den Bewegungsablauf möglichst oft in 30 Sekunden. Mit Hilfe einer in Zehenhöhe gespannten Schnur kann die Kontrolle der völligen Streckung erfolgen.

Testbewertung: Eine Beugung und Streckung sind ein Klimmzug. Gewertet und registriert wird die Anzahl der korrekt ausgeführten Klimmzüge in 30 Sekunden.

☞ Für eine ausreichende Erwärmung sorgen.
Auf korrekte Ausführung achten:
- Kinn an Reckstange bringen
- völlig aushängen (Arme strecken)
- keine Kippbewegungen und kein Schaukeln
- keine Schwungbewegungen in der Umkehrphase

Vergleichswerte:

Klimmziehen aus dem Streckhang

| Alter | Punktwerte (männlich) | | | | | Punktwerte (weiblich) | | | | |
|---|---|---|---|---|---|---|---|---|---|---|
| | 5 | 4 | 3 | 2 | 1 | 5 | 4 | 3 | 2 | 1 |
| 11 | 5 | 4 | 3 | 2 | 1 | 3 | 2 | 1 | ½ | unter |
| 12 | 6 | 5 | 3 | 2 | 1 | 3 | 2 | 1 | ½ | ½ |
| 13 | 6 | 5 | 3 | 2 | 1 | 3 | 2 | 1 | ½ | Klimm- |
| 14 | 7 | 6 | 4 | 3 | 2 | 3 | 2 | 1 | ½ | zug |
| 15 | 7 | 6 | 4 | 3 | 2 | 3 | 2 | 1 | ½ | = 0 |
| 16 | 8 | 7 | 5 | 4 | 3 | 3 | 2 | 1 | ½ | Punkte |
| 17 | 9 | 8 | 6 | 4 | 3 | 3 | 2 | 1 | ½ | |
| ab 18 | 10 | 9 | 7 | 4 | 3 | 3 | 2 | 1 | ½ | |

(nach Bube etal. 1966)

# Körperformung

Name, Vorname:

| Datum | Klimmzüge Anzahl | Klimmzüge Punkte | Dreierhop links | Dreierhop rechts | Mittelwert | Punkte | Gesamtpunkte |
|---|---|---|---|---|---|---|---|
| | | | | | | | |

# Kontroll- und Testübungen

## Ziele und Aufgaben:

Dreierhop zur Erfassung der Schnellkraft der Beinmuskulatur. Damit sind Aussagen über die Ausprägung wesentlicher Muskelgruppen möglich, die den aktuellen Zustand charakterisieren und Grundlage für das weitere Üben sein können.
Die Karten können kopiert und den Schülern zur Registrierung der Werte ausgehändigt werden.
Bei kontinuierlicher und gewissenhafter Führung können sie zur Beurteilung der unteren Extremität und damit der Planung der weiteren Übungsgestaltung dienen.

## Geräte:

Bandmaß, ebene Fläche, evtl. Matte, Kreide, Magnesia

## Hinweise:

Die Vergleichswerte sind eine gute Orientierungs- und Vergleichsgrundlage, da sie eine hohe Gültigkeit besitzen. Sie ermöglichen an Hand der Punktwerte eine Einschätzung des Entwicklungszustandes wichtiger Muskelgruppen und geben Hinweise auf eventuell vorhandene Problembereiche.

Dreierhop:

Der Schüler steht mit der Fußspitze des Sprungbeines an der Absprunglinie, das Schwungbein steht in Schrittstellung belastet dahinter. Aus dieser Stellung werden hintereinander 3 möglichst weite Sprünge auf dem selben Bein (Sprungbein) ausgeführt. Es darf Schwung geholt werden, jedoch ohne dabei einen Fuß vom Boden zu lösen.
Es kann ein- oder beidbeinig gelandet werden.

Die Absprungzone ist so zu präparieren (z.B. mit Magnesia bestreute Matte), dass der letzte Fußabdruck deutlich zu erkennen ist. Jedem Schüler stehen 3 Versuche pro Bein zur Verfügung.

Testbewertung: Gewertet und registriert wird die Sprungweite des jeweils besten Versuchs. Aus der besten Sprungleistung rechts und links wird dann der Durchschnittswert berechnet (in m) und für die Bewertung herangezogen.

☞ - Nach ausreichender Erwärmung 2-3 Versuche ohne Wertung durchführen lassen
- Bei der Ausholbewegung auf die Einhaltung der Ausführungsbestimmungen achten
- Den Aufsprungbereich präparieren

Vergleichswerte:

| Alter | Punktwerte (männlich) | | | | | Punktwerte (weiblich) | | | | |
|---|---|---|---|---|---|---|---|---|---|---|
| | 5 | 4 | 3 | 2 | 1 | 5 | 4 | 3 | 2 | 1 |
| 11 | 5,20 | 4,70 | 4,00 | 3,40 | 2,70 | 4,90 | 4,50 | 3,70 | 3,30 | 2,70 |
| 12 | 5,60 | 5,00 | 4,30 | 3,70 | 3,00 | 5,20 | 4,70 | 3,90 | 3,60 | 3,00 |
| 13 | 5,90 | 5,30 | 4,60 | 4,00 | 3,30 | 5,40 | 4,90 | 4,10 | 3,80 | 3,20 |
| 14 | 6,20 | 5,60 | 4,90 | 4,30 | 3,50 | 5,60 | 5,10 | 4,30 | 4,10 | 3,50 |
| 15 | 6,60 | 6,00 | 5,40 | 4,80 | 4,00 | 5,80 | 5,30 | 4,50 | 4,25 | 3,70 |
| 16 | 6,90 | 6,50 | 5,70 | 5,10 | 4,30 | 6,00 | 5,50 | 4,70 | 4,30 | 3,70 |
| 17 | 7,20 | 6,70 | 6,20 | 5,60 | 4,70 | 6,10 | 5,60 | 4,90 | 4,35 | 3,80 |
| ab 18 | 7,50 | 7,00 | 6,50 | 5,90 | 5,00 | 6,30 | 5,80 | 5,00 | 4,40 | 3,80 |

# III. Koordination

Begriffsklärung

Steuerungsvarianten

Kleine Spiele

Übungen ohne Gerät

Übungen mit Gerät

Übungen am Gerät

Übungen an Stationen

Kontroll- und Testübungen

# Notizen

# Begriffsklärung

Koordinative Fähigkeiten sind psychomotorische Leistungsvoraussetzungen. Sie ermöglichen Bewegungshandlungen zu variieren, bewusst umzugestalten und auch unter erschwerten Bedingungen auszuführen.
Als fundamentale koordinative Fähigkeiten (nach Hirtz) wurden bestimmt:

- Gleichgewichtsfähigkeit (GF),
- Orientierungsfähigkeit (OF),
- Reaktionsfähigkeit (RF),
- Rhythmusfähigkeit (RhF) und
- kinästhetische Differenzierungsfähigkeit (DF).

Koordinative Fähigkeiten sind eine wichtige Grundlage für die Entwicklung von motorischen Fertigkeiten. Besonders intensiv entwickeln sich koordinative Fähigkeiten in den Perioden des Vorschul- und jüngeren Schulalters. Die in der Pubertät durch den Gestaltwandel auftretenden Koordinationsschwierigkeiten werden gedämpft, wenn hohe Anforderungen an die Qualität der Bewegungsausführungen gestellt werden.
Koordinationsübungen kann man wie folgt einteilen:

- Übungen zur Bereicherung motorischer Erfahrungen und zur Vervollkommnung der Grundformen der Bewegung,
- Übungen zur Vervollkommnung fundamentaler koordinativer Fähigkeiten und
- koordinativ anspruchsvolle Übungen zur Vervollkommnung konditioneller Fähigkeiten.

Durch die schnelle motorische Ermüdung ist es günstig, koordinative Fähigkeiten am Anfang einer Stunde zu entwickeln.

## Steuerungsvarianten

Methoden zur Steigerung der Koordinationsschwierigkeit

- Variation der äußeren Bedingungen (z.B. Übungswechsel, Partnerwechsel usw.)
- Variation der Bewegungsausführung (z.B. Bewegungsrichtung, Richtungsänderung, Bewegungstempo, Bewegungsrhythmus, spiegelbildliches Üben, Bewegungsumfang)
- Kombinieren von Bewegungsfertigkeiten
- Üben unter Zeitdruck
- Üben nach Vorbelastung oder Dehnung
- Üben mit unterschiedlichem Material (z.B. Hohlbälle,Vollbälle)
- Üben bei eingeschränkter optischer Kontrolle

## Koordination

Ringender Kreis:
Um einen vorgezeichneten Kreidekreis stehen die Spieler im Innenstirnkreis und fassen sich an. Durch Ziehen und Schieben wird versucht, einen oder mehrere Mitspieler in den Kreis zu ziehen. Beim Betreten des Kreises mit beiden Füßen erhält der Spieler einen Punkt.
Gewinner ist der Spieler, der zum Schluss die wenigsten Punkte hat.

- Ringender Kreis um Keulen; fällt eine Keule, so gibt es einen Punkt.
- Ringender Kreis verkehrt herum; die Schüler stehen innerhalb des Kreidekreises und versuchen die Mitspieler zum Verlassen des Kreises zu zwingen.

## Kleine Spiele

**Ziele und Aufgaben:**
Kreisspiele zur Schulung der OF, DF, GF, RF

**Geräte:**
Kreide, Seil, Keulen, Gymnastikstäbe, unterschiedliche Gegenstände/Geräte (siehe Spielbeschreibungen), Schnur mit leichter Endbeschwerung, Reifen

**Hinweise:**
Wenn es zu viele Spieler sind, dann in mehrere Kreise einteilen

## Nicht fallen lassen:

Die Spieler stehen oder sitzen im Innenstirnkreis. Unterschiedliche Gegenstände werden so schnell wie möglich im Kreis herumgereicht (Münzen, TT-Bälle, Löffel, Bälle, Keulen usw.).

- Richtungswechsel
- statt Hände Beine benutzen

## Die Stangen fallen:

Die Spieler stehen in einem Flankenkreis rechts oder links. Jeder hält mit der Innenhand einen Gymnastikstab fest. Auf Kommando werden die Stäbe losgelassen und der Stab des Vordermannes schnell wieder gegriffen, so dass er nicht auf den Boden fällt. Jeder gefallene Stab ist ein Minuspunkt.

- Die Abstände nach Leistungsfähigkeit verändern
- Innenstirnkreis, Wechselschritte seitwärts
- Innenstirnkreis, ein Spieler steht in der Mitte des Kreises und hält einen Stab. Er ruft einen Namen oder die Nummer eines Kreisspielers und führt mit diesem einen Platzwechsel durch. Der Kreisspieler muss den Stab erreichen, bevor dieser zu Boden fällt.
- Gruppenwettbewerb: zwei Kreise bilden. Wer hat die wenigsten Punkte nach einem Kreisumlauf ?

## Hüpfender Kreis:

Die Spieler bilden einen weit geöffneten Innenstirnkreis. Der Spielleiter steht in der Kreismitte und schwingt eine Schnur, die am Ende durch einen weichen Gegenstand beschwert ist (Gummiring, Jacke o.ä.).

Die Schnur wird gekreist, die Schüler treten dichter zusammen und müssen hochhüpfen, wenn die Schnur unter ihren Füßen kreist.

Der Schüler, bei dem die Schnur hängen bleibt, bekommt einen Punkt oder muss als nächster die Schnur kreisen lassen.

- Tempowechsel
- Höhe wechseln
- Schüler stehen im Flankenkreis mit dem Gesicht zur kreisenden Schnur.

## Zwirbelnder Kreis:

Die Spieler stehen in einem markierten Spielfeld und zwirbeln alle Reifen, die darin liegen. Es müssen mindestens 1 ½ mal so viel Reifen sein, wie es Spieler gibt. Es darf kein Reifen zum Liegen kommen, sonst gibt es einen Minuspunkt.

- Es können auch zwei Mannschaften gegeneinander spielen.

| Koordination | Kleine Spiele |
|---|---|
| Wettwanderball:<br>Die Spieler einer Mannschaft stellen sich im Innenstirnkreis auf. Ein Ball wird so schnell wie möglich im Kreis herumgegeben. Gewonnen hat die Mannschaft, bei der der Ball zuerst beim Anfangsspieler ist, dieser hebt den Ball hoch und ruft „Fertig“.<br>↳ Wurfart oder Wurfrichtung verändern<br>↳ Aufstellungsform ändern: Gasse, Linie oder Reihe<br>↳ Ausgangsstellung ändern, z.B. liegen, sitzen usw.<br>↳ Mit mehreren unterschiedlichen Bällen spielen<br><br>Familie Meier/Nummernlauf:<br>Die Schüler stehen oder sitzen in Reihe zu je 5 hintereinander. Jedem wird ein Name (Mutter, Vater, Tochter, Sohn usw.) oder eine Nummer zugeordnet. Immer wenn der Name oder die Nummer in der vom Lehrer erzählten Geschichte genannt werden, müssen die Schüler mit diesem Namen oder dieser Nummer eine vorgegebene Strecke laufen und sich wieder in die Reihe einordnen. Es können auch mehrere oder alle Namen/Nummern gleichzeitig zum Laufen, Springen, Gehen usw. aufgerufen werden. Die Mannschaft, bei der der Schüler zuerst wieder auf seinem Platz sitzt, bekommt einen Punkt. | **Ziele und Aufgaben:**<br>Mannschaftsspiele zur Schulung der OF, RF, DF<br><br>**Geräte:**<br>Scheibe mit einer schwarzen und einer weißen Seite, Bälle unterschiedlichster Art<br><br>**Hinweise:**<br>Beim Spiel Glucke & Geier sollte nach einer längeren Zeit erfolglosen Spieles der Geier ausgewechselt werden. |

Schwarz - Weiß:

Zwei Mannschaften „Schwarz“ und „Weiß“ stehen sich in Gasse in der Mitte des Spielfeldes gegenüber. Der Spielleiter wirft die Scheibe oder ruft eine der beiden Farben. Die Mannschaft der gerufenen Farbe läuft hinter ihre Grundlinie und die andere Mannschaft versucht sie dabei abzuschlagen. Wer die Grundlinie erreicht hat, darf nicht mehr abgeschlagen werden. Jeder Abschlag ist ein Punkt für die Fänger.

- Verändern der Ausgangsstellung
- Verändern der Fortbewegungsart

Glucke und Geier:

Die Spieler stehen in Reihe, umfassen die Hüfte des Vordermannes, damit die Reihe nicht reißt. Der erste Spieler ist die „Glucke“ und muss seine Küken verteidigen, indem er schützend seine Arme ausbreitet. Der „Geier“ versucht durch schnelle Wendungen an der „Glucke“ vorbeizukommen, um eines der Küken zu haschen. Durch Abwehrbewegungen der „Glucke“ bewegt sich die ganze Reihe. „Glucke“ und „Geier“ dürfen sich nicht berühren. Ist ein Küken abgeschlagen, wird der „Geier“ letztes Küken , die „Glucke“ übernimmt die Geierrolle und das bisherige zweite Küken wird „Glucke“.

# Koordination

## Kleine Spiele

Beinhakeln:

Zwei Spieler liegen entgegengesetzt dicht nebeneinander rücklings auf der Matte oder dem Rasen. Sie haken sich mit den Armen ein und legen die Hände geschlossen auf die Brust. Auf Kommando wird das innere Bein nach oben geschwungen und beim Partner eingehakelt. Dann versucht jeder den anderen durch schnellkräftigen Druck zu einer Rolle rückwärts zu zwingen. Gewonnen hat derjenige, der keine Rolle ausführen musste.

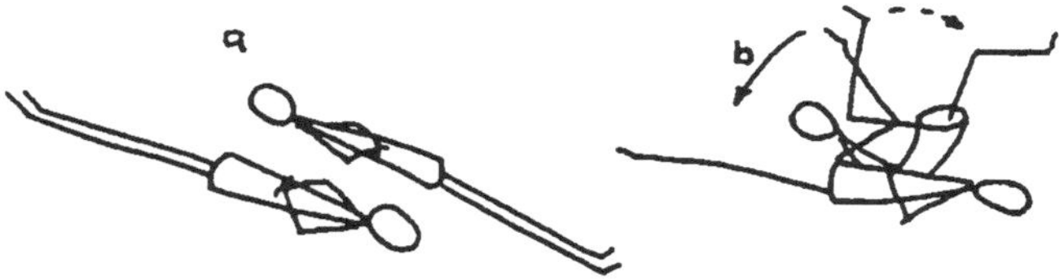


**Ziele und Aufgaben:**
Partnerspiele zur Schulung der Beweglichkeit, RF, DF, OF, GF

**Geräte:**
Matten oder eine andere weiche Unterlage

**Hinweise:**
Partnerspiele können paarweise, mannschaftsweise oder in Turnierform gewertet werden.
Die Übungen sollten auf einer Weichbodenmatte durchgeführt werden.

Hahnenkampf:

Zwei Schüler stehen sich auf einem Bein gegenüber. Die Arme sind vor der Brust verschränkt. Durch kräftigen Körperkontakt wird versucht, den Partner aus dem Gleichgewicht zu bringen, so dass er das zweite Bein aufstellen muss. Jeder Erfolg wird mit einem Punkt belohnt.

- Sie versuchen, sich aus einer markierten Fäche hinauszudrängen.

Ziehkampf / Grenzkampf:

Zwei Schüler stehen sich an einer Linie oder einem ausgelegtem Tau/Seil gegenüber. Sie fassen sich an eine Hand und versuchen sich gegenseitig über die Linie zu ziehen. Gewonnen hat derjenige, der den Partner über die Linie gezogen hat.

- Einhakeln der Arme
- Beide Hände fassen
- Beide Hände überkreuzt fassen
- Ein zweiter Partner auf jeder Seite hält sich am Partner fest und zieht mit.
- Ausgangsstellung Liegestütz

# Koordination | Übungen ohne Gerät

Wechselwalze:
3 Schüler liegen nebeneinander auf dem Bauch. Schüler 1 und 2 liegen dicht nebeneinander und zwischen Schüler 2 und 3 ist ein größerer Abstand. Schüler 1 drückt sich mit Händen und Füßen vom Boden ab und springt flach über Schüler 2. Nach dem Sprung in die Lücke zwischen 2 und 3 rollt er sich einmal um die eigene Längsachse und liegt somit neben Schüler 3. Nun springt Schüler 3 in ähnlicher Weise über 1 zu Schüler 2. So wechselt es ständig von rechts nach links.

☞ Immer von außen zur Mitte springen

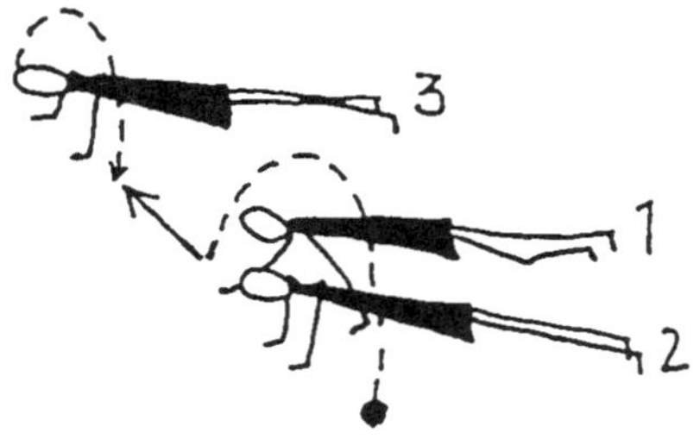


**Ziele und Aufgaben:**
Übungen zur Schulung der DF, RhF, GF

**Hinweise:**
- Überkreuzbewegungen eignen sich besonders gut zur Herstellung des Gleichgewichtes des Bewegungsapparates. Es sollten dazu Alltagsbezüge hergestellt werden, z.B. beim Gehen - Arme pendeln lassen.
- Aus den vorgeschlagenen Sprunggruppen lassen sich verschiedene Sprungreihen variieren.
- Die Übung Wechselwalze erfordert erhöhte Kraftfähigkeit.

Hampelmann;

Schlusshüpfen mit Grätschen und Schließen der Beine zur Seite oder nach vorn und hinten. Dazu die Arme über die Seithalte zum Kopf schwingen, Hände zusammenklatschen und wieder zur Hosennaht nach unten führen.

Gehübungen:

- Gehen auf den Fersen
- Gehen auf den Zehenspitzen
- Gehen auf den Fußaußenkanten
- Gehen auf den Fußinnenkanten
- Gehen in der Hocke
- Gehen mit Ausfallschritt usw.

Laufen mit Kreuzen der Beine:

- vor dem Körper
- hinter dem Körper

Überkreuzbewegung von Armen und Beinen:

- gehen
- laufen
- pendeln; rechter Arm, linkes Bein und umgekehrt
- rechter Ellenbogen berührt linkes Knie und umgekehrt
- Gegenarmkreisen im Gehen
- gleichzeitiges Schwingen rechter Arm zur rechten Seite und linkes Bein zur linken Seite und umgekehrt

Sprünge:

- Schlusssprünge mit Grätschen - Schließen der Beine
- Schlusssprünge mit Scheren der Beine
- Schlusssprünge mit Kreuzen der Beine
- Schlusssprünge am Ort
- Schlusssprünge vom Ort
- Einbeinsprünge
- Schlusssprünge mit Drehungen ( ¼, ½ , ¾ usw.)
- Schlusssprünge mit Anhocken der Beine
- Wechselsprünge

| Koordination | Übungen ohne Gerät |
|---|---|
| Roboterspiel:<br>Paarweise wird in der Halle oder auf einem Spielfeld gegangen, gelaufen oder gehüpft. Dabei stehen die Paare hintereinander. Der Vordermann schließt die Augen. Der Hintermann weist dem „blinden" Vordermann durch leichtes Schlagen auf die Schulter den Weg, damit dieser nirgends an- oder zusammenstößt.<br>Tippen auf die Brust: geradeaus laufen<br>Tippen auf die rechte Schulter: rechtsherum laufen<br>Tippen auf die linke Schulter: linksherum laufen<br>Tippen auf den Rücken: rückwärts laufen<br>Tippen auf den Kopf: stehenbleiben<br>➩ Ein Spieler muss mehrere Roboter bedienen. | **Ziele und Aufgaben:**<br>Partnerübungen zur Schulung der Beweglichkeit, GF, DF, OF<br><br>**Hinweise:**<br>Beim Durchsteigen der gefassten Arme ist eine gute Beweglichkeit im Schultergürtel erforderlich. |

<u>Kniebeugen mit dem Partner:</u>
Zwei Schüler stehen sich mit dem Gesicht zueinander gegenüber und fassen die Hände. Beide gehen nun gleichzeitig / wechselseitig in die Kniebeuge.

- Die Partner stehen sich Rücken an Rücken gegenüber und hakeln die Arme ein. Sie versuchen gleichzeitig in die Kniebeuge zu gehen und auch gemeinsam wieder aufzustehen.
- Die Partner stehen sich mit dem Gesicht zueinander gegenüber und jeder spreizt das rechte Bein vor, welches der Partner mit der linken Hand fasst. Nun wird gleichzeitig die Kniebeuge ausgeführt.
- Die Partner stehen sich mit dem Gesicht zueinander gegenüber und fassen mit einer Hand die gleiche Hand des Partners (rechte Hand - rechte Hand; linke Hand - linke Hand). Durch ein gleichzeitiges Zurückbeugen des Oberkörpers wird versucht, die eigenen Fersen zu berühren (rechte Hand - linke Ferse, linke Hand - rechte Ferse).

<u>Durchsteigen der gefassten Arme:</u>
Die Partner stehen sich mit dem Gesicht zueinander gegenüber und fassen die Hände. Der eine Partner steigt mit dem rechten Bein, der andere mit dem linken Bein zwischen die Hände. Die andere Armseite befindet sich in Hochhalte. Durch eine entgegengesetzte Drehung um die Längsachse, bei der die anderen Beine ebenfalls über die gefassten Hände steigen, wird die Ausgangsstellung wieder erreicht.

| Koordination | Übungen mit Gerät |
|---|---|
| Ballübungen mit dem Partner:<br>Die Schüler stehen sich paarweise mit einem Ball gegenüber und versuchen aus verschiedenen Ausgangspositionen (z.B. Sitz, Knie-, Hockstand, Bauch-, Rückenlage) sich den Ball zuzuwerfen. Es ist darauf zu achten, dass der Ball nur mit einer Hand rechts geworfen und mit links gefangen wird. Um die Übung schwieriger zu gestalten, werden je Paar zwei Bälle verwendet.<br>➪ Partner stehen einbeinig auf einer Matte.<br><br>Die Partner, die sich gegenüberstehen, prellen zur gleichen Zeit den Ball auf den Boden und versuchen durch schnellen Platzwechsel den Ball des Partners rechtzeitig zu erreichen, um ihn weiterzuprellen.<br>➪ Je nach Leistungsfähigkeit den Abstand vergrößern oder verkleinern<br><br>Die Partner stehen hintereinander und prellen den Ball im Gehen/Laufen in einem vorher begrenzten Spielfeld; dabei darf sich das Paar nicht trennen und auch nicht mit anderen zusammenstoßen. Nach einer gewissen Zeit sollte die Führung wechseln.<br>➪ Längere Ketten bilden | **Ziele und Aufgaben:**<br>- Ballprell- und Führungsübungen zur Schulung der OF<br>- Durch Einbezug von Tempo- und Richtungsänderungen wird die RF verbessert und die DF gefördert.<br><br>**Geräte:**<br>- Verschiedene Bälle, aber für jeden Schüler einen<br>- Feldbegrenzungen<br><br>**Hinweise:**<br>Das Spielfeld kann der Klassenstärke entsprechend nach und nach verkleinert werden, um den Schwierigkeitsgrad zu erhöhen. Auch bei der Arbeit in der Gasse muss die Leistungsfähigkeit berücksichtigt werden. |

Ballprellen am Ort:

Die Schüler prellen den Ball am Ort. Der Lehrer erteilt verschiedene Bewegungsaufgaben, die die Schüler ausführen, ohne den Ball zu verlieren:

- Ballprellen mit Handwechsel
- Ball um den Körper herum prellen
- Ball durch rechts/links vorgespreiztes Bein prellen
- Ball durch die Beine prellen mit ½ Drehung
- Ballprellen und dabei von der Bauchlage in den Sitz - Stand - Sitz wieder zurück in die Bauchlage
- Ball auf den Boden legen. Mit Schlagen auf den Ball wird versucht, diesen vom Boden zu lösen und in Bewegung zu halten.

Ballführungsübungen:

Achterkreisen von Bällen zwischen den Beinen:

- Mit einem Medizinball rollen
- Mit einem Hohlball umkreisen
- Mit einem Hohlball umfassen; der Ball wird mit einer Hand von vorn und mit der anderen von hinten gehalten, der Ball wird losgelassen und die Hände greifen um, d.h. die vordere Hand greift nach hinten und die hintere Hand nach vorne, dabei darf der Ball nicht auf den Boden fallen.

Ballprellen im Gehen und Laufen:

In einem festgelegten Spielfeld bewegen sich die Schüler den Ball prellend, ohne diesen zu verlieren oder mit anderen Schülern zusammenzustoßen. Die Fortbewegungsform kann variiert werden:

- vorwärts
- rückwärts
- seitlich
- Entengang usw.

Der Lehrer kann weiterhin Zusatzaufgaben stellen:

- ½ Drehung
- Hockstrecksprung
- Rolle vorwärts
- Hinsetzen

Nach den Zusatzaufgaben den Ball sofort weiterprellen und in Bewegung bleiben

| Koordination | Übungen mit Gerät |
|---|---|
| **Schwungtuch:**<br>Alle Schüler fassen mit beiden Händen das Schwungtuch und schwingen das Tuch vor dem Körper.<br>➪ Schwingen des Tuches in der Hochhalte und während eines Schwunges tauschen die gegenüberstehenden Spieler die Plätze.<br>➪ Durch unterschiedliche Bewegungen des Schwungtuches wird ein leichter Ball bewegt.<br>➪ Der Ball rollt im Kreis durch gemeinsames Rumpfkreisen.<br>➪ Der Ball wird hochgeworfen und gefangen durch gemeinsames Schwingen.<br><br>**Frisbeescheibe:**<br>Zielsicheres Zuwerfen der Frisbeescheibe<br>➪ paarweise<br>➪ im Viereck<br>➪ mannschaftsweise | **Ziele und Aufgaben:**<br>Übungen zur Schulung der OF, GF, RhF, DF durch Einsatz von unterschiedlichen Geräten<br><br>**Geräte:**<br>Schwungtuch, Frisbeescheiben, Reifen, Seile und Stäbe<br><br>**Hinweise:**<br>Schaumgummifrisbeescheiben eignen sich besonders gut für Anfänger und zum Spielen in der Halle. |

Übungen mit dem Seil:
- mit und ohne Zwischensprung
- am Ort und in Bewegung
- beidbeinige Sprünge
- einbeinige Sprünge
- Sprünge mit Doppeldurchschlag des Seiles
- mit Überkreuzen der Arme
- springen mit einem Partner

Übungen mit dem Reifen:
- Reifen neben dem Körper rollen
- Gehen und dabei mit den Füßen in den Reifen steigen und ihn über den Kopf zurückführen
  ↳ im Laufen
- Reifen vor dem Körper zwirbeln und dabei einmal um den Reifen laufen
- Reifen hinter dem Körper von der rechten in die linke Hand geben und umgekehrt

Übungen mit dem Stab:
Einzelübungen
- Stab quer hochwerfen und fangen
- Stab längs auf Hand oder Finger jonglieren
- Stab schnell umlaufen
- Stab um den Körper geben
- Das Bein über den auf der Erde stehenden Stab, der kurzzeitig losgelassen wird, führen
- Stab mit den Füßen rollen
- Stab quer mit beiden Händen vor dem Körper halten, mit den Beinen übersteigen und zurücksteigen, ohne mit den Händen loszulassen
  ↳ beidbeinig überhocken

Partnerübungen:
Zwei Schüler stellen sich mit dem Gesicht zueinander auf und fassen beide Stäbe an den Enden an.
↳ Kreisen nach außen
↳ Kreisen nach innen
↳ Schwingen rechts, links
↳ Schwingen mit ganzer Körperdrehung (siehe Skizze)

| Koordination | Übungen am Gerät |
|---|---|
| | |

## Koordination

Balancieren auf labiler Unterlage:
Als labile Unterlagen können genutzt werden:

- Sportkreisel, verschiedene Bälle und Walzen, Pedalos
- Bank als Wippe: Bank unter die Bank; Kleinen Kasten unter die Bank; Hocker/Sprungbrett unter die Bank
- Wackelbank: Stäbe unter die Bank; Seile oder Tau unter die Bank; Bank zwischen Holmen des Barrens oder zwischen 2 Barren mit Seilen befestigen
- Reck: Zwischen den Reckstangen werden ein Balancier- und Halteseil gespannt.

↳ Zusatzaufgaben während des Balancierens

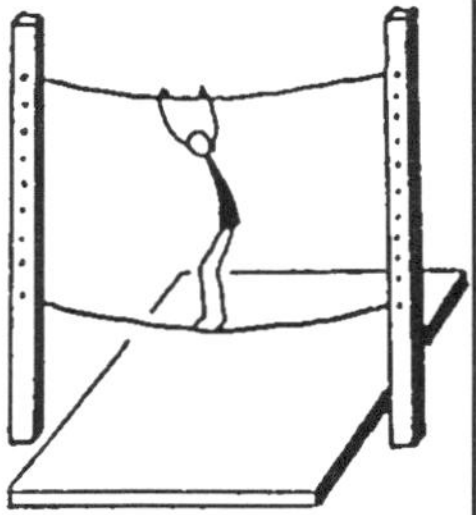

## Übungen am Gerät

**Ziele und Aufgaben:**
Übungen auf stabiler bzw. labiler Unterlage zur Schulung der GF

**Geräte:**
Bänke, Stangen, Tau, Seile, Hocker, Kasten, Sprungbrett, Reck, Parallelbarren, Balken, Ball, Reifen

**Hinweise:**
Die Stationen müssen sicher aufgebaut und mit Matten abgesichert werden. Der Lehrer bzw. Schüler müssen zur Hilfestellung bereitstehen. An den Stationen nur in kleinen Übungsgruppen arbeiten. Der Lehrer kann die Bewegungsaufgaben vorgeben, sollte den Schülern aber auch die Zeit geben, eigene Ideen an den aufgebauten Stationen auszuprobieren.

Balancieren auf stabiler Unterlage:

Zum Balancieren können mehrere Großgeräte (Balken, Barren, Reck, Kasten usw.) als auch diverse Kleingeräte (Bank, Tau, Reckstangen usw.) genutzt und zu vielfältigen Gerätekombinationen zusammengestellt werden.

Der Schwierigkeitsgrad kann erhöht werden durch:

- Balancierstrecke als geneigte Ebene
- Verändern der Höhe der Balancierstrecke
- Verändern der Breite der Balancierstrecke
- Verändern der Fortbewegungsart usw.

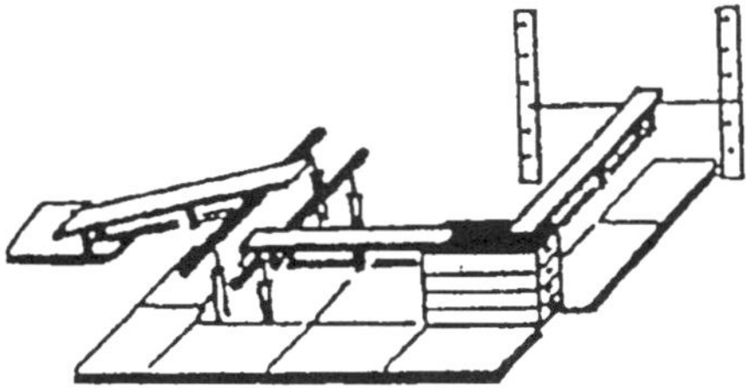

Balancieren auf stabiler Unterlage mit Zusatzübungen:

Die DF wird weiter gefördert durch Einbezug von Zusatzaufgabe z.B.:

- Seilspringen
- Reifenkreisen um Arme und Körper
- Übungen mit dem Ball: - rollen
  - prellen
  - werfen, fangen
- Überqueren von Hindernissen
- Partnerübungen: - gemeinsam auf einer Bank balancieren
  - Ballspiele auf einer Bank oder von Bank zu Bank

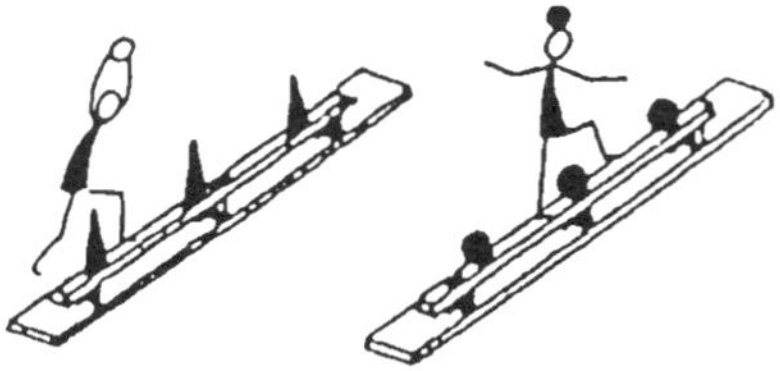

| Koordination | Übungen am Gerät |
|---|---|
| Bodenmatte:<br>- Rolle vorwärts<br>- Rolle rückwärts<br>- Sprungrolle<br>- Doppelrolle mit dem Partner (Traktorfahren): Ein Schüler liegt auf der Matte, mit den Füßen in Bewegungsrichtung. Der zweite Schüler stellt seine Füße rechts und links neben den Kopf des Partners. Beide fassen nun die Fußgelenke des anderen und rollen gemeinsam.<br>☞ Kopf auf die Brust und die Hände nicht lösen<br> | **Ziele und Aufgaben:**<br>Schulung der OF, DF, RhF, GF und der Beweglichkeit durch Übungen an Großgeräten<br><br>**Geräte:**<br>Matten, Parallelbarren, Hochreck, Minitrampolin, Federsprungbrett, Kasten<br><br>**Hinweise:**<br>- Sicherheitsbestimmungen beachten<br>- Der Parallelbarren sowie die Sprünge müssen mit Matten abgesichert sein.<br>- Sicherheitsstellung, Hilfeleistung |

Parallelbarren:

- Auf beiden Barrenholmen balancieren
- Über die Barrenholme im Vierfüßlergang gehen
- Über die Barrenholme im Krebsgang gehen
- Barrenhasche: Zwei Schüler stehen sich an den Barrenenden in der Holmengasse gegenüber. Auf Kommando versuchen beide durch eine Kehre über einen Holm über den Barren zu kommen und den Partner einzuholen und abzuschlagen.

☞ Die Seite, zu der die Kehre ausgeführt wird, muss vorher angegeben werden.

Hochreck:

Felgunterschwung aus der Schrittstellung, Beine landen nacheinander auf dem Boden

☞ Bogenspannung beachten

⇳ Unterschwung über knie- bis hüfthohen Stab oder Gummiband

⇳ Unterschwung mit beidbeiniger Landung

⇳ Unterschwung mit ½ Drehung

Minitrampolin:

- Schlusssprünge
- Schlusssprünge mit Grätschen und Schließen der Beine
- Schlusssprünge mit Scheren der Beine
- Schlusssprünge mit ¼ , ½ , ¾ oder ganzer Drehung
- Schlusssprünge mit Anhocken der Beine

Federsprungbrett oder Minitrampolin:

- Aus dem Stand vor dem Brett Sprung auf das Brett/Minitrampolin mit verschiedenen Sprungvariaten (siehe oben), vom Brett auf eine Matte
- Mit Anlauf Absprung vom Brett / Minitrampolin mit verschiedenen Sprungvariaten auf eine Matte
- Mit Anlauf Absprung vom Brett / Minitrampolin über ein Hindemis und Landung auf der Matte

Kasten:

| Aufsprünge | Niedersprünge |
|---|---|
| -aufknien | - Strecksprung |
| -aufhocken | - Grätschsprung |
| -aufgrätschen | - Hocksprung |

Stützsprünge

- Hockwende
- Hocke
- Grätsche
- Flanke
- Kehre
- ein Bein anhocken, ein Bein grätschen

| Koordination | Übungen an Stationen |
|---|---|
| Hindemisbahn:<br>- Durchkriechen und Überspringen eines Kastenteiles<br>- Slalomlaufen um 8 Keulen oder Medizinbälle<br>- An einem Ende der Sprossenwand hochklettern, zum anderen Ende hinüberklettern und dann herunterklettern<br>- Über eine Turnbank vorwärts balancieren<br>- Sprung vom Minitrampolin auf eine Matte<br>- Über eine Turnbank rückwärts balancieren<br>- In einem am Boden liegenden Reifen steigen, diesen am Körper hochheben und wieder auf den Boden legen | **Ziele und Aufgaben:**<br>Schulung vielfältiger koordinativer Fähigkeiten und der Beweglichkeit<br><br>**Geräte:**<br>Bälle, Stäbe, Therapiekreisel, Sprossenwand, Reifen, Seile oder Taue, Minitrampolins oder Federsprungbretter mit Matten, Keulen, Turnbank<br><br>**Hinweise:**<br>- Die Stationen immer im Wechsel von Fertigkeiten aneinanderreihen<br>- An den Stationen können 2 oder 4 Schüler arbeiten.<br>- Die Hindemisbahn wird hintereinander mit Abstand oder einzeln bewältigt. |

Station 1:
Balancieren
Die Schüler balancieren auf dem Therapiekreisel an der Sprossenwand oder paarweise mit Festhalten der Hände.

- Einbeiniges Stehen auf dem Kreisel
- Stehen mit geschlossenen Augen
- Stehen ohne Festhalte

Station 2:
Ballzielwerfen
Zwei Partner stehen sich gegenüber und prellen sich einen Ball zu, der in einem Reifen aufkommen muss.

- Tischtennisball versuchen in einen Gummiring zu werfen
- Partner stehen auf einer Matte (weiche Unterlage)
- Partner stehen einbeinig auf einer Matte

Station 3:
Laufen und Springen
Die Schüler laufen und springen über die in Kreis oder Reihe gelegten Stäbe oder Bänke.

Station 4:
Balancieren
Auf einem Seil oder Tau balancieren die Schüler in unterschiedlichen Varianten:

- vorwärts/rückwärts
- mit geschlossenen Augen
- mit Ballprellen neben dem Körper usw.

Station 5:
Springen
In verschiedenen Sprungvarianten springen die Schüler auf dem Minitrampolin oder vom Federsprungbrett auf eine Matte.

Station 6:
Achterkreisen eines Balles zwischen den Beinen

- Partner stehen mit dem Rücken zueinander und übergeben sich den Ball. Ein Partner übergibt rechts, der andere links (Ball beschreibt eine Acht).

| Koordination | Übungen an Stationen |
|---|---|
| Hindemisbahn:<br>- Überwinden einer Kastentreppe<br>- Balancieren auf einem Tau (Seil)<br>- Überlaufen von drei (im Abstand von 1m) hinter-einander aufgestellten Turnhockern<br>- Durchkriechen eines Kastenteils<br>- Slalomdribbling mit einem Ball<br>- Rollen eines Reifens über eine Strecke von 5m hin und zurück | **Ziele und Aufgaben:**<br>Schulung der koordinativen Fähigkeiten und der Beweglichkeit<br><br>**Geräte:**<br>Kastenteile, Bälle, Bänke, Sprossenwand, Stäbe, Seile, Reck oder Hochbarren, Reifen, Hocker<br><br>**Hinweise:**<br>- Stationen immer in abwechselnder Reihenfolge der Fertigkeiten aneinanderreihen<br>- Hindernis einzeln oder im Abstand hintereinander absolvieren lassen |

Station 1:
Kastenteil durchkriechen und überspringen

Station 2:
Ball vor dem Körper hochwerfen und hinter dem Körper fangen

Station 3:
Balancieren vorwärts / rückwärts auf der Bank:
- mit geschlossenen Augen
- einen Ball neben der Bank prellen
- auf umgedrehter Bank balancieren

Station 4:
An der Sprossenwand Sprosse für Sprosse hochsteigen und wieder absteigen
- mit geschlossenen Beinen springen
- jede 2. Sprosse besteigen
- hochsteigen, von oben herunterspringen

Station 5:
Paarweise oder an eine Wand den Ball einhändig / beidhändig zuwerfen:
- mit ganzer Körperdrehung nach dem Wurf
- rückwärts über den Kopf werfen

Station 6:
Unterschenkelstand - Beine schulterbreit gegrätscht. Das Stabende wird mit beiden Händen gefasst. Rumpfkreisen mit dem Stab, das freie Ende des Stabes berührt ständig den Boden.

Station 7:
Seilspringen mit dem Partner
- Partner stehen nebeneinander
- Partner stehen hintereinander
- Partner stehen zueinander

Station 8:
Hängen an der Reckstange, Barrenholm oder Sprossenwand (mindestens 2m hoch) und die Hüfte kreisen
- Schwingen der Hüfte seitlich

Station 9:
Unterschenkelstand, Seitsenken des Körpers in den Sitz rechts und links neben dem Körper

Station 10:
Ball hochwerfen - hinsetzen - aufstehen - Ball fangen

| Koordination | Kontroll- und Testübungen |
|---|---|
| An der Wand entlang:<br>Der Schüler stützt sich mit beiden Händen gegen die Wand. Die Füße sind ca 50 cm von der Wand entfernt. Die rechte Hand und der linke Fuß werden gleichzeitig gekreuzt, danach folgt die linke Hand und der rechte Fuß.<br><br>Testbewertung:<br>Die Übung ist gelöst, wenn die Bewegungsfolge 5x richtig wiederholt wird.<br><br> | **Ziele und Aufgaben:**<br>Funktions- und Leistungsbeurteilung der GF, DF, OF, RF<br><br>**Geräte:**<br>Bälle, Keulen, Wand<br><br>**Hinweise:** |

Achterkreisen:
Der Schüler steht seitlich neben zwei im Abstand einer Keule stehenden Keulen und schreibt mit dem zu den Keulen stehenden Bein eine Acht um beide Keulen:
- erst mit offenen Augen
- mit geschlossenen Augen
- Wechsel auf das andere Bein

Testbewertung:
Die Übung ist gelöst, wenn der Schüler mit offenen und geschlossenen Augen nicht das Gleichgewicht verliert oder eine Keule umwirft.

Ballumgreifen:
Der Schüler hält im Grätschstand einen Hohlball mit einer Hand von vom und mit der anderen Hand von hinten fest. Der Ball wird losgelassen und die Hände greifen um, d.h. die vordere Hand greift nach hinten und die hintere Hand nach vom. Dabei darf der Ball nicht auf die Erde fallen.

Testbewertung:
Die Übung ist gelöst, wenn der Ball 3x hintereinander, ohne auf den Boden zu fallen, umgegriffen werden kann.

# IV. Beweglichkeit

**Begriffsklärung**

**Steuerungsvarianten**

**Übungen zur Beweglichkeitsschulung**

**Dehnung**

**Entspannung / Erholung**

**Kontroll- und Testübungen**

# Notizen

## Begriffsklärung

Die Beweglichkeit ist diejenige körperliche Fähigkeit des Menschen, die es ihm ermöglicht, Bewegungen mit großer Schwingungsweite (Amplitude) auszuführen. Sie ist abhängig von der Ausbildung der knöchernen und knorpligen Gelenkbestandteile und der Elastizität der Muskeln, Sehnen und Bänder. Realisiert wird jede Bewegung dennoch erst durch die Muskulatur, deren Kraft-, Dehn- und Entspannungsfähigkeit. Der Beweglichkeitsschulung sollte ein erweitertes Verständnis von Körper und Bewegung zugrunde liegen, die eine an den individuellen Voraussetzungen der Teilnehmer orientierte Methodik erfordert. Ein wechselseitiges Verhältnis von Bewegung und Wahrnehmen ist die entscheidende Grundlage. Aspekte einer sinnvollen Beweglichkeitsschulung sind:

- Wahrnehmung auf den eigenen Körper lenken,
- vielfältige, variable Bewegungsreize und -erfahrungen anbieten,
- Freiräume und Anregungen für individuelle und situative Bewegungshandlungen ermöglichen,
- die Bedeutung funktioneller Maßnahmen in einen für die Teilnehmer relevanten Zusammenhang bringen.

Verbunden mit der Beweglichkeit ist die Dehnfähigkeit dabei der Leistungsfaktor, der im Zusammenwirken mit der Kraft- und Entspannungsfähigkeit die optimale Nutzung der Freiheitsgrade in den Funktionsbereichen ermöglicht. Die Entspannungsfähigkeit ist eine psychovegetative Umstimmung in Verbindung mit der Atmung zur schrittweisen Herabsetzung des Muskeltonus.

# Steuerungsvarianten

Methoden der Dehnung

| | Wiederholende Dehnung | Dauerdehnung | Dauerdehnung durch Anspannung der Antagonisten |
|---|---|---|---|
| Kurz-beschreibung | wiederholtes Schieben in die Dehnposition, ohne Nachfedern oder ruckartige Bewegungen, bis ein leichtes bis starkes Spannungsgefühl eintritt (langsam bis zügig) | Einnahme der Dehnposition, bis Dehnspannung spürbar ist, halten der Dehnspannung (ca. 20 sec.), schieben in eine erweiterte Dehnposition und halten bis zu 1 min. (Andehnen - „Schieben" - Halten) | Durch Anspannung der Antagonisten erfolgt eine Dehnung der Agonisten, bis ein mittel bis starkes Spannungsgefühl eintritt. |
| Umfang | nach subjektivem Empfinden | 20 sec. - 1 min. | nach subjektivem Empfinden 20 - 30 sec. |
| Wieder-holungen | 20 - 30x | 1 - 2x | 2 - 3x |

Methodische Hinweise:

- Niemals kalte Muskeln dehnen
- Körperlage und Winkelstellung der Gelenke so wählen, dass die zu entspannenden Muskelgruppen optimal entspannt sind
- Volle Konzentration auf die vom Willen gesteuerte Entspannung der Muskelgruppe
- Immer ruhig, behutsam und bewusst dehnen
- Nicht über die Schmerzgrenze hinausgehen
- Während des Dehnens ruhig weiteratmen, nicht die Luft anhalten
- Isometrische Anspannung der Zielmuskeln (3 - 6 sec.) mit nachfolgender Entspannung
  Beachte: Anspannung - Einatmen; Entspannung - Ausatmen - Pause

| Beweglichkeit | Übungen zur Beweglichkeitsschulung |
|---|---|
| Partnerübungen:<br>- Doppelarmkreisen<br>Partner stehen Rücken an Rücken, fassen sich an den Händen und kreisen die Arme neben dem Körper.<br>↳ Seithochführen der Arme<br>- Partner stehen zueinander, fassen sich an den Händen, ganze Drehung des Körpers ohne Lösen der Hände<br>↳ Partner stehen mit dem Rücken zueinander | **Ziele und Aufgaben:**<br>Übungen zur Verbesserung der Beweglichkeit des Schultergürtels<br><br>**Geräte:**<br>Stab<br><br>**Hinweise:**<br>Bei den Partnerübungen gleichgroße Partner auswählen |

Übungen ohne Stab:

- Schulterkreisen vorn und hinten
- Grundstellung - Arme in Tiefhalte - Schultern nach vorn und nach hinten ziehen
- Armschwünge
  - ↳ parallel neben dem Körper
  - ↳ parallel vor dem Körper
  - ↳ Wechselschwünge neben dem Körper
- Armkreisen
  - ↳ parallel neben dem Körper
  - ↳ Gegenarmkreisen neben dem Körper
  - ↳ parallel vor dem Körper
  - ↳ Innenarmkreisen vor dem Körper
  - ↳ Außenarmkreisen vor dem Körper

Übungen mit Stab:

- Grundstellung - Stab hinter dem Körper halten und so weit wie möglich nach oben führen
  - ↳ im Schneidersitz
- Grundstellung - Stab waagerecht in Tiefhalte vor dem Körper halten, Führen des Stabes über die Hochhalte in die Tiefhalte hinter dem Körper (Arme bleiben gestreckt)
  - ↳ im Schneidersitz
- Grundstellung - Stab hinter dem Kopf auf die Schulter legen und die Arme darüber legen, leichte Bewegungen nach links und rechts
  - ↳ im Grätschsitz

# Beweglichkeit

# Übungen zur Beweglichkeitsschulung

Partnerübungen:

- Im Grätschsitz, Fußsohlen gegeneinander stützen, Hände fassen, abwechselnd vor- und rückbeugen des Rumpfes

  ↳ Rumpfkreisen

- Die Partner stehen sich gegenüber und fassen sich an den Schultern; vorhochspreizen des rechten und linken Beines

  ↳ seithochspreizen / rückhochspreizen

- Partner stehen mit dem Gesicht zueinander, Hände sind in Vorhalte gefasst. Übersteigen der Arme von einer Seite, ½ Drehung des Körpers, aussteigen und dabei Drehung in die Ausgangsstellung

  ↳ im Sitzen

**Ziele und Aufgaben:**
Übungen zur Verbesserung der Beweglichkeit des Rumpfes und der Hüfte

**Geräte:**
Stab, Sprossenwand

**Hinweise:**
Bei den Partnerübungen gleichgroße Partner auswählen

Übungen mit Stab:

- Stab vor den Körper stellen und mit einer Hand festhalten. Stab kurz loslassen und rechtes oder linkes Bein über den Stab spreizen

- mit dem Stab Rumpfkreisen

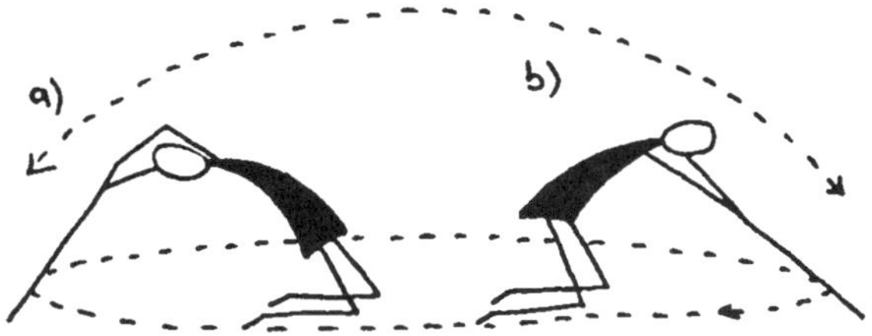


- Hocksitz, Stab gegen die Fußsohlen drücken, Strecken der Beine

↳ Vorhochstrecken der Beine (Schwebesitz)

↳ nur rechtes oder linkes Bein

Übungen an der Sprossenwand:

- Grätschstand auf der untersten Sprosse, Hände fassen eine Sprosse in Brusthöhe . Mit den Händen jeweils Sprosse für Sprosse nach unten fassen

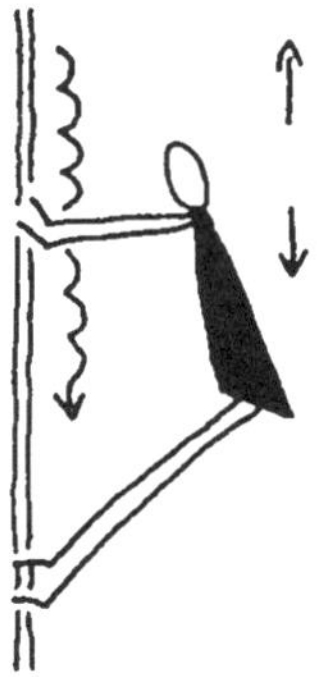

- Querstand rechts, Anheben und Anwinkeln des rechten Beines, Unterschenkel wird auf eine Sprosse in Hüfthöhe gelegt. Hände in Hochhalte, Vorrumpfbeugen, Hände umfassen das linke Fußgelenk

↳ Querstand links

↳ Bein anwinkeln, Fuß auf eine Sprosse in Kniehöhe stellen

| Beweglichkeit | Dehnung |
|---|---|
| Rückenstreckende Muskeln:<br>In Rückenlage werden die Kniegelenke gebeugt, beide Hände umfassen diese, der Kopf liegt auf dem Boden. Der Kopf drückt gegen die Unterlage und die Knie gegen die haltenden Hände. Die Dehnung erfolgt, indem der Kopf eingerollt wird und die Knie so dicht wie möglich zum Oberkörper gezogen werden.<br>↳ Im Schneidersitz oder die Fußsohlen aneinanderlegen, den Rücken runden und langsam die Nase in Richtung Bauchnabel schieben. Oberkörper weiter nach vorn geneigt: Wirkung auf die Lendenwirbelsäule, Oberkörper weiter aufrecht lassen: Wirkung auf die Brustwirbelsäule<br><br> | **Ziele und Aufgaben:**<br>Dehnübungen für Hals- und Nackenmuskulatur sowie der Schulter- und Rückenmuskulatur<br><br>**Hinweise:**<br>Den Schülern sollte gesagt werden, wo die Dehnung/Spannung zu spüren ist. |

Nackenmuskulatur:

Rückenlage, die Hände hinter dem Kopf gefaltet, die Beine sind angestellt. Der Kopf drückt gegen die haltenden Hände. Danach den Kopf anheben und mit den Händen nach oben vorn ziehen, bis ein Spannungsgefühl eintritt.

Kopf in Seitneige bringen. Zur Unterstützung kann mit der Hand die Endposition fixiert werden. Die andere Hand wird langsam in Richtung Boden gedrückt, um das Spannungsgefühl zu verstärken.

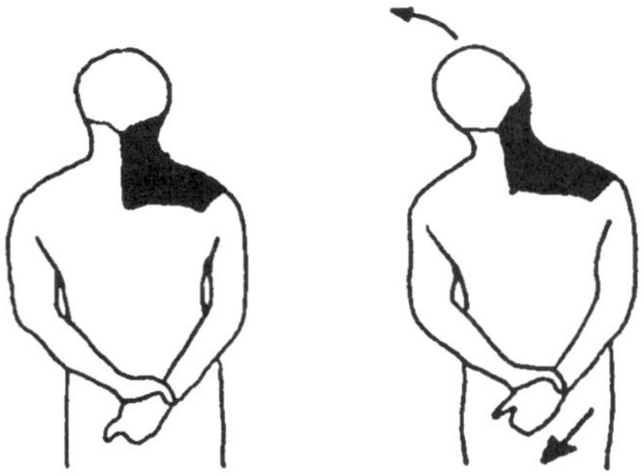

Schultermuskulatur:

Im aufrechten Stand wird der gestreckte Arm etwas über Schulterhöhe an die Wand gestützt. Kopf und Oberkörper langsam von der fixierten Hand wegdrehen, dabei die Schulter etwas nach vorne bringen.

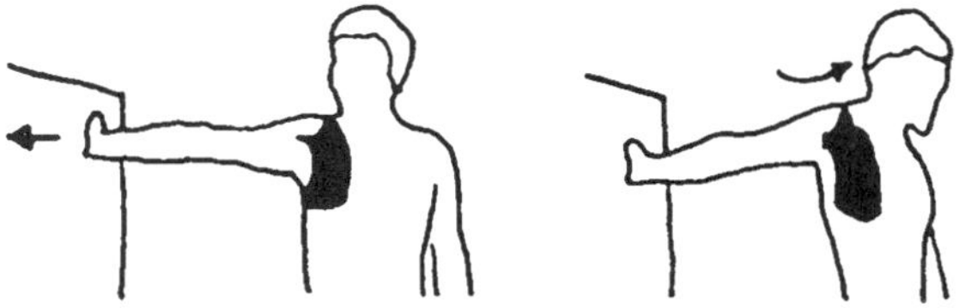

Aufrechter Stand, die Hände werden gegen die Oberschenkel gedrückt, die Füße sind hüftbreit auseinandergestellt. Die Unterarme ineinander verschränken und über den Kopf nach hinten ziehen.

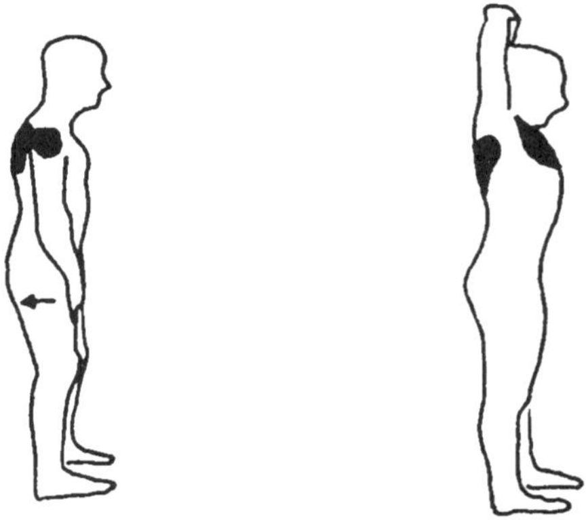

| Beweglichkeit | Dehnung |
| --- | --- |

## Beweglichkeit

Brustmuskulatur:
Aufrechter Stand, die Hände werden gegen das Gesäß gedrückt, die Füße sind hüftbreit auseinandergestellt. Die Handflächen ineinander verschränken und bei gestreckten Armen nach hinten schieben.

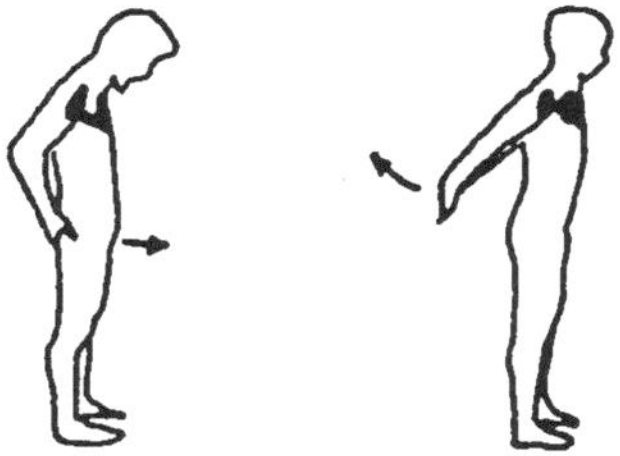

Gesäß-, Brustmuskulatur und Rotation der Wirbelsäule:
Rückenlage und Arme in Seithalte. Ein Bein wird in die Senkrechte gehoben und über das andere Bein zum Boden abgesenkt.

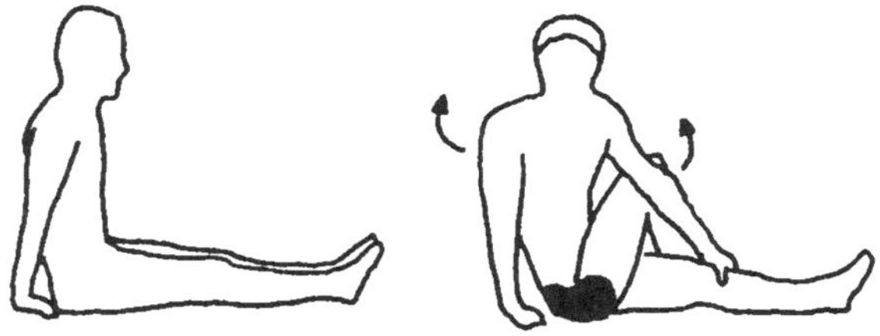

## Dehnung

**Ziele und Aufgaben:**
Dehnübungen für die Arm- und Schultermuskulatur sowie Gesäßmuskulatur

**Hinweise:**
- Kopf bewusst in Verlängerung der Körperachse halten
- Rücken möglichst gerade halten

Arm- und Schulterblattmuskulatur:

Stehend einen Arm beugen und diesen hinter den Kopf führen. Die andere Hand umfasst das Ellenbogengelenk und zieht es in Richtung Körpermitte.

Armmuskulatur:

Hände ineinander verschränken und diese zusammenpressen. Die verschränkten Hände mit den Handflächen nach vorne vom Oberkörper wegschieben, bis die Ellenbogen gestreckt sind.

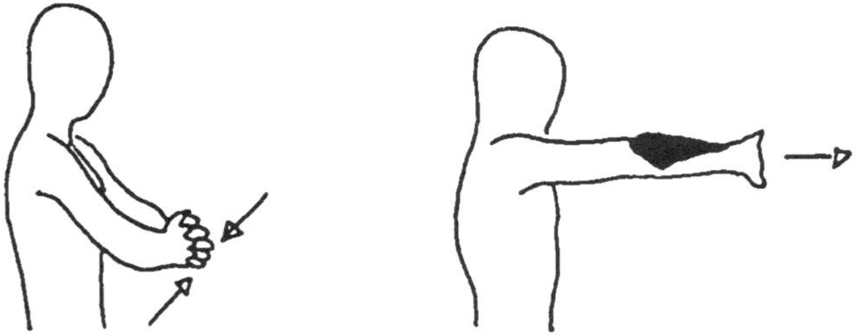

Unterarmmuskulatur (Außenseite) :

Sitzend oder stehend werden beide Arme im Ellenbogen gebeugt. Mit einer Hand wird die andere maximal gebeugt und anschließend durch Ellenbogenstreckung sowie Einwärtsdrehung des Armes das Spannungsgefühl verstärkt.

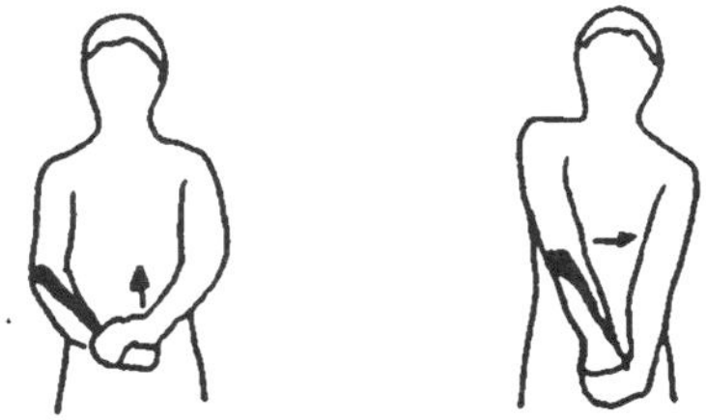

Unterarmmuskulatur (Innenseite) :

Sitzend oder stehend werden beide Arme im Ellenbogen gebeugt. Mit einer Hand werden das andere Handgelenk und dessen Finger maximal gestreckt, anschließend durch Ellenbogenstreckung und Auswärtsdrehung des Armes das Spannungsgefühl verstärkt.

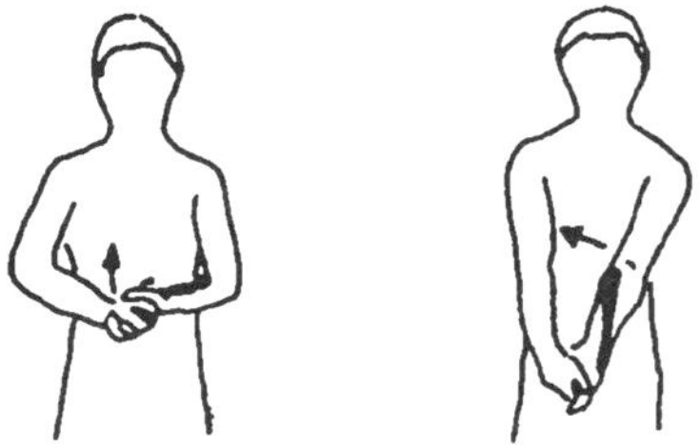

| Beweglichkeit | Dehnung |
|---|---|
| **Unterschenkelmuskulatur:**<br>Stehend das zu dehnende Bein mit dem Fußrücken aufsetzen und langsam zum Boden drücken<br><br>Mit beiden Händen an einer Wand abstützen und das hintere Bein so weit nach hinten setzen, dass die Ferse gerade noch Bodenkontakt besitzt. Das Kniegelenk ist vollkommen gestreckt und das Becken wird bewusst nach vorne gedrückt, bis ein intensives Spannungsgefühl in der Wade spürbar wird.<br>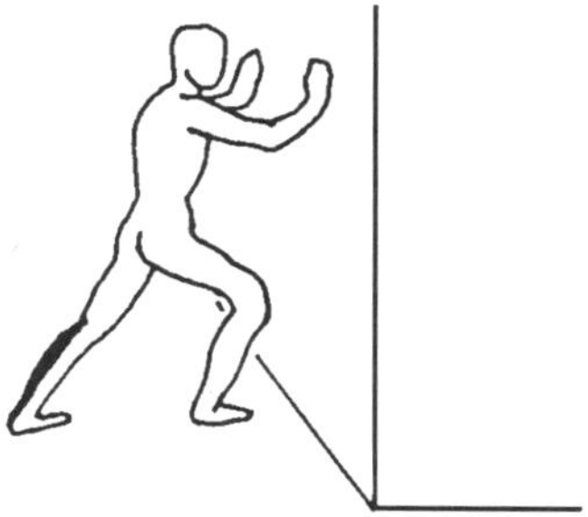 | **Ziele und Aufgaben:**<br>Dehnübungen für Hüft-, Oberschenkel- und Unterschenkelmuskulatur<br><br>**Hinweise:**<br>- Kein Rundrücken<br>- Ferse darf nicht vom Boden gelöst werden<br>- Auf Hüftstreckung achten<br>- Keine Ausweichbewegung über die Lendenwirbelsäule |

Hüftmuskulatur:

Ausfallschritt mit Ablegen des hinteren Unterschenkels. Das Körpergewicht wird weiter nach vorn verlagert und die Hüfte nach vorn unten geschoben.

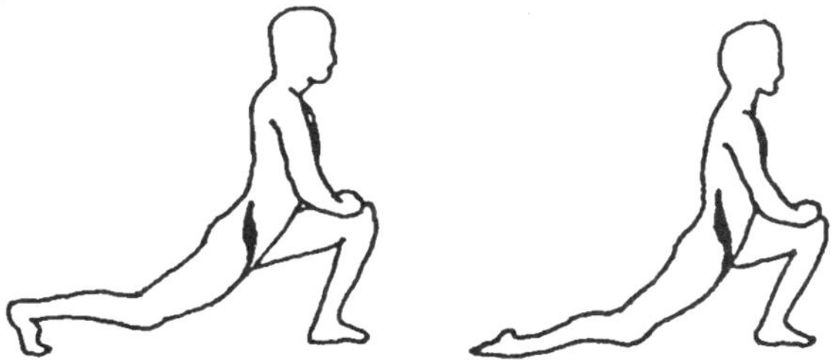

Rückenlage; ein Knie wird dicht zum Brustkorb gezogen und drückt dann gegen die haltenden Hände. Während das gestreckte Bein gegen den Boden drückt, wird das gebeugte so dicht wie möglich zum Brustkorb gezogen.

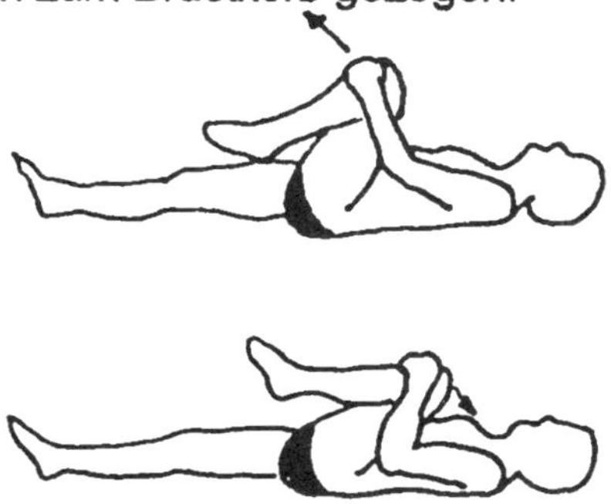

Oberschenkelmuskulatur:

Aufrechter Sitz; beide Fersen dicht an das Gesäß ziehen und die Ellenbogen auf die Knieinnenseite legen. Die Knie langsam in Richtung Boden fallen lassen, wobei die Ellenbogen die Dehnung unterstützen.

Rückenlage; ein Bein wird in der Kniekehle gegriffen und das Bein zum Oberkörper gezogen. Das Bein langsam strecken, ohne die Hüftbeuge aufzulösen.

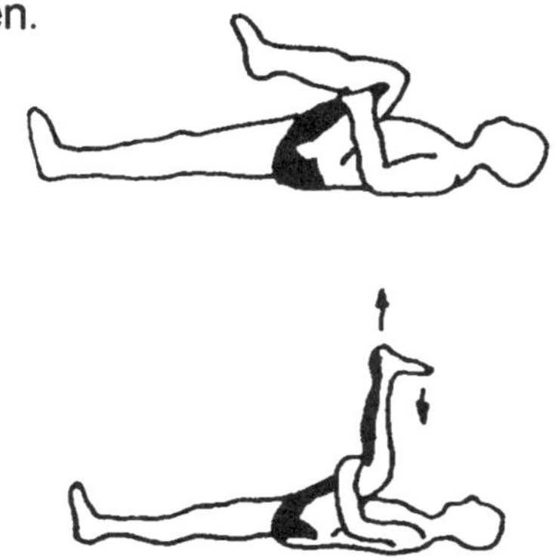

| Beweglichkeit | Entspannung |
|---|---|
| <u>2. Lernschritt: Entspannung des Gesichts mit Nacken, Schultern und Rücken</u><br>Alle Muskeln des Körpers sind locker und entspannt.<br>1. Stirn runzeln (Stirn in Falten legen)<br>2. Augenbrauen zusammenziehen (richtige Zornesfalten entstehen lassen)<br>3. Augen schließen<br>4. Zähne aufeinanderbeißen und Kiefermuskeln anspannen<br>5. Zunge fest gegen den Gaumen pressen<br>6. Lippen fest aufeinanderpressen (nicht von innen auf die Lippen beißen)<br>Jetzt die Aufmerksamkeit auf die Nackenmuskeln richten. Kopf ganz fest nach hinten drücken, dabei die Spannung beobachten. Nun den Kopf nach rechts, danach nach links rollen und beobachten, wie die Spannung wechselt. Danach entspannen. Jetzt die Schultern bis zu den Ohrläppchen ziehen, fallen lassen und Nacken sowie Schultern entspannen. Nun noch einmal, dabei die Schultern erst nach vorne, dann nach hinten drehen und den Spannungswechsel beobachten. Jetzt die Schultern und oberen Rückenmuskeln entspannt auf die Unterlage sinken lassen. Die Entspannung breitet sich weiter aus, sie wird immer tiefer und tiefer. | **Ziele und Aufgaben:**<br>Progressive Muskelentspannung<br>(1. und 2. Lernschritt)<br><br>**Hinweise:**<br>- Räumlichkeit so wählen, dass die Schüler sich behaglich und geborgen fühlen<br>- Nicht nach einer großen Mahlzeit üben oder mit voller Blase oder vollem Darm<br>- Vor und nach jedem Lernschritt sollte dem „tierischen Dehnen" große Aufmerksamkeit geschenkt werden (sich genussvoll nach allen Seiten räkeln und strecken und dabei herzhaft gähnen).<br>- Wichtig ist, sich auf das Anspannen zu konzentrieren, das Beobachten und Erfühlen dieser Spannung und sich danach völlig zu entspannen (sich völlig gehen lassen). |

Ausgangsstellung:

Bequeme Rückenlage einnehmen und Brillen sowie Schmuckgegenstände ablegen. Beine, Arme, Kreuz, Schultern, Nacken und Kopf sollen bequem und ohne Druckschmerzen gelagert sein. Falls Kleidungsstücke beengen oder behindern, diese öffnen. Arme und Beine liegen ausgestreckt, die Ellenbogen sind leicht angewinkelt, die Hände liegen mit den Außenkanten auf dem Boden. Es ist kein Muskel mehr angespannt. Augen schließen und die Aufmerksamkeit von außen weg nach innen auf den Körper richten. Den Atem fühlen und sich auf dessen langsamen und ruhigen Rhythmus konzentrieren.

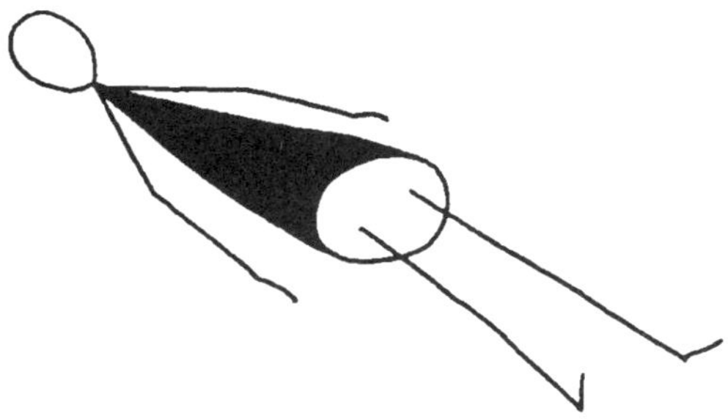

1. Lernschritt:

Entspannung der Hände und Arme

Ballen der rechten Hand zur Faust, noch fester, aber nicht verkrampfen. Spannung beobachten, so dass man ein Gefühl für die Lage der angespannten Muskeln in Hand und Unterarm bekommt. Die übrigen Muskeln des Körpers so entspannt wie möglich lassen. Nun die Faust wieder lösen und den Spannungsunterschied spüren. Noch einmal wiederholen, danach dasselbe mit der linken Hand. Nach kurzer Pause beide Hände zu Fäusten ballen. Nun Arme beugen und dabei die Bizepse anspannen. Spannungsgefühl beobachten, dann die Arme ganz entspannt auf die Unterlage zurücksinken lassen. Den Unterschied erfühlen, danach dasselbe noch einmal. Nun die Hände so drehen, dass die Handinnenflächen nach oben zeigen. Beide Arme ganz fest nach unten drücken, so dass die Spannung im Trizeps zu spüren ist. Entspannen und diese Übung noch einmal wiederholen. Jetzt auf die reine Entspannung der Arme konzentrieren, die Armmuskeln noch mehr loslassen und spüren, wie die Muskeln der Arme immer schwerer und entspannter werden.

| Beweglichkeit | Entspannung |
| --- | --- |
| Kurzform:<br>Beherrscht man die einzelnen Schritte des Muskelentspannungstrainings, so ist es auch möglich, mit erheblich weniger Zeitaufwand vollständig zu entspannen. Da im Alltag nur wenig Zeit für eine Entspannung bleibt, kann die Kurzform bei vielen Gelegenheiten problemlos durchgeführt werden.<br>Hier werden nicht nur einzelne Muskeln oder Muskelgruppen angespannt, sondern der ganze Körper auf einmal. Die Spannung wird einige Sekunden gehalten, dann wird durch schnelles Loslassen wieder entspannt. Diese Übung kann in den verschiedensten Positionen des Alltags durchgeführt werden (im Liegen, Sitzen oder Stehen).<br>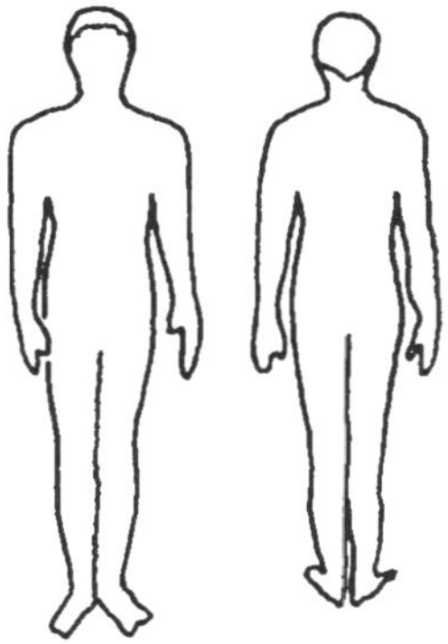 | **Ziele und Aufgaben:**<br>Progressive Muskelentspannung (3. und 4. Lernschritt) + Kurzform<br><br>**Hinweise:**<br>Siehe 1. und 2. Lernschritt |

## 3. Lernschritt: Entspannung der Brust, des Bauches und des unteren Rückens

Leichtes Ein- und Ausatmen; beobachten, wie sich die Entspannung Zug um Zug weiter vertieft. Nun tief einatmen, Atem anhalten und dabei die Spannung im Brustkorb fühlen. Jetzt ausatmen und den Brustkorb wieder locker werden lassen. Dasselbe noch einmal, dabei fühlen, wie sich die Lungen füllen und beim Ausatmen die Muskeln des Brustkorbs entspannen. Nun die Bauchdecke nach außen drücken und somit die Bauchmuskeln anspannen. Spannung halten, dabei ruhig weiteratmen, entspannen und den Spannungsunterschied beobachten. Wiederholen dieser Übung. Jetzt den Bauch einziehen, die Muskeln fest anspannen und die Spannung beobachten. Bauchmuskeln loslassen, ruhig und entspannt weiteratmen und dasselbe noch einmal wiederholen. Mit jedem Ausatmen tiefer und tiefer entspannen. Versuchen, alle Spannungen im Körper zu lösen. Jetzt den Rücken wölben, das Gesäß anheben, und dabei die Spannung im Rücken fühlen. Diese halten und danach bequem zurücklegen. Diese Übung wiederholen. Dabei Konzentrieren auf die langen Rückenmuskeln entlang der Wirbelsäule und darauf achten, dass der Rest des Körpers so entspannt wie möglich bleibt. Die Rückenmuskeln wieder entspannen und die Entspannung zunehmend im ganzen Körper erleben.

## 4. Lernschritt: Entspannung von Gesäß, Lenden, Schenkeln, Waden und Füßen

Entspannen jedes einzelnen Teiles des Körpers. Bei jedem Ausatmen wird die Entspannung tiefer und tiefer. Nun Gesäß und Oberschenkel anspannen. Dabei drücken die Fersen so fest wie möglich gegen die Unterlage. Spannung halten, beobachten, danach loslassen und den Spannungsunterschied spüren. Diese Übung noch einmal wiederholen. Nun werden die Zehen und Füße nach vorne weggedrückt und die Waden dabei ganz hart und gespannt. Wieder halten und beobachten, dabei aber nicht verkrampfen. Jetzt werden die Wadenmuskeln wieder entspannt und nach kurzer Pause dasselbe noch einmal. Der Oberkörper bleibt aber locker und entspannt. Nun beugen wir die Füße nach oben und spannen die Schienbeinmuskeln an. Spannung halten, beobachten, loslassen und den Spannungsunterschied spüren. Auch diese Übung wiederholen und danach spüren, wie die Beine ganz schwer und entspannt auf der Unterlage aufliegen. Die Entspannung breitet sich von den Füßen über die Waden weiter bis hin zum Gesäß und den Hüften aus. Der Körper wird immer schwerer und schwerer und das Gefühl der Wärme breitet sich aus, welches durch den Körper bis in die Fußspitzen strömt. Dem Gefühl der Entspannung vollständig hingeben.

| Beweglichkeit | Entspannung |
|---|---|
| <u>Unter Wasser schwimmen:</u><br>Du bist an einem Strand einer kleinen, grünen Insel - weit weg von deinem Alltag - Ruhe, Stille um dich herum - in dir -<br>das Wasser schimmert verlockend vor dir -<br>es ist warm, es zieht dich zum Wasser hin -<br>du gleitest hinein ins Wasser -<br>wie durch einen Zauber fühlst du dich schwerelos -<br>du kannst schwimmen - tauchen wie ein Fisch -<br>warm ist das Wasser - ganz warm - sacht gleitest du tiefer - du schwimmst wie ein Fisch - sicher und leicht - du fühlst dich leicht und wohl und sicher -<br>um dich herum ist Stille -<br>du spürst das Wasser, wie es sich um deinen Körper leicht bewegt -<br>Fische sind dir ganz nah - Schwärme von bunten, schillernden Fischen - viele Formen und Farben -<br>du siehst Korallenbäume, grüne Pflanzen, Algen -<br>du tauchst bis zum Grund - du siehst so vieles -<br>du fühlst dich leicht und lebendig -<br>du gleitest, schaust und schaust -<br>langsam gleitest du wieder nach oben - Helligkeit schimmert über dir - du siehst ein Boot -<br>du schwingst dich hinein - liegst auf dem Boden -<br>auf dem Boden aus Holz liegst du schwer, warm und gelöst - dein Atem geht ruhig -<br>du bist ganz ruhig und entspannt - ... | **Ziele und Aufgaben:**<br>Die 15 Schritte der Atementspannung und eine Reise durch den Körper<br><br>**Hinweise:**<br>- Räumlichkeit so wählen, dass die Schüler sich behaglich und geborgen fühlen<br>- Nicht nach einer großen Mahlzeit üben oder mit voller Blase oder vollem Darm<br>- Musikalische Untermalung (Entspannungsmusik) ist empfehlenswert |

Atementspannung:

1. Einnehmen einer bequemen Sitz- oder Liegehaltung, die Arme seitlich und die Augen schließen.
2. Gleichmäßigen Atemrhythmus herstellen, und in Gedanken beobachten, wie sich die Bauchdecke im Rhythmus der Atmung hebt und senkt. Die Schultern werden beim Einatmen nicht hochgezogen, sondern bleiben in tendenziell abfallender Haltung. (20 bis 30 Atemzüge)
3. Einen Atemzug auswählen und bei einem (möglichst langen) Ausatmen vorstellen, wie sich der eine Arm von der Schulter bis in die Fingerspitzen entspannt.
4. In Gedanken das gleichmäßige Heben und Senken der Bauchdecke im Rhythmus der Atmung (ca. 10 Atemzüge) beobachten.
5. Wieder einen Atemzug auswählen und bei einem (möglichst langen) Ausatmen vorstellen, wie sich der andere Arm von der Schulter bis in die Fingerspitzen entspannt.
6. In Gedanken wieder das gleichmäßige Heben und Senken der Bauchdecke im Rhythmus der Atmung (ca. 10 Atemzüge) beobachten.
7. Einen Atemzug auswählen und bei einem (möglichst langen) Ausatmen vorstellen, wie sich die Gesichts- und Nackenmuskeln entspannen.
8. In Gedanken wieder das gleichmäßige Heben und Senken der Bauchdecke im Rhythmus der Atmung (ca. 10 Atemzüge) beobachten.
9. Einen Atemzug auswählen und bei einem (möglichst langen) Ausatmen vorstellen, wie Brust, Bauch und Rücken sich entspannen.
10. In Gedanken wieder das gleichmäßige Heben und Senken der Bauchdecke im Rhythmus der Atmung (ca. 10 Atemzüge) beobachten.
11. Einen Atemzug auswählen und bei einem (möglichst langen) Ausatmen vorstellen, wie Beine und Füße sich entspannen.
12. Anschließend wieder das gleichmäßige Heben und Senken der Bauchdecke im Rhythmus der Atmung (ca. 10 Atemzüge ) beobachten. Vergegenwärtigen des Gefühls entspannter Arme (zuerst der dominante, dann der andere), des entspannten Gesichts und des Nackens, der entspannten Brust-, Bauch und Rückenmuskulatur sowie der entspannten Beine und Füße.
13. Einen Atemzug auswählen und versuchen, mit dem langen Ausatmen das gesamtkörperliche Entspannungsgefühl weiter zu vertiefen.
14. Einige Züge gleichmäßig ein- und ausatmen. Intensivieren der Einatmung; die Schultern dabei hochziehen, die Augen öffnen und jeden der abschließenden 5 Atemzüge zählen, indem von 5 - 1 heruntergezählt wird.
15. Aufstehen und locker bewegen.

# Beweglichkeit

## Kontroll- und Testübungen

<u>Ausschultern mit Stab:</u>(Schultergürtel)
Im aufrechten Stand wird vor dem Körper ein mit cm-Einteilung versehener Stab waagerecht gehalten und anschließend über die Hochhalte in die Rückhalte bis an den Körper geführt und danach wieder in die Ausgangsstellung zurück.

☞ Auf gestreckte Arme achten

<u>Testbewertung:</u>
Gemessen wird die geringste Griffbreite zwischen beiden Händen am Stab in cm und die Schulterbreite in cm. Danach wird ein Index errechnet.

$$\text{Bewertungsindex} = \frac{\text{Griffbreite (in cm)}}{\text{Schulterbreite (in cm)}}$$

<u>Vergleichswerte:</u>
ab I < 2,0 sehr gut
I = 2,0 normal
I > 2,5 eingeschränkt bis schlecht

**Ziele und Aufgaben:**
Funktions- und Leistungsbeurteilung der Beweglichkeit als Selbst- und Fremdbeurteilung

**Geräte:**
Matte, Stab, Bandmaß/Beckenzirkel, Hocker/Bank oder Stuhl, Messlatte

**Hinweise:**
- Bei allen Übungen ist ein ausreichendes Aufwärmen erforderlich.
- Man kann die Tests als Dreiertest mit Punkten versehen und danach eine Bewertung vornehmen.

Anfersen: (vierköpfiger Oberschenkelstrecker)
Die Testperson liegt in Bauchlage mit gestrecktem Körper und zieht mit der Hand die Ferse zum Gesäß.

Testbewertung:
Die Bewertung der Dehnbarkeit richtet sich nach dem Abstand zwischen Ferse und Gesäß.

- Ferse berührt das Gesäß - normale Dehnbarkeit
- bis 15 cm Abstand zwischen Ferse und Gesäß - leichte Verkürzung
- über 15 cm Abstand zwischen Ferse und Gesäß - erhebliche Verkürzung

☞ Bei diesem Test müssen auch Knie verletzungen in Betracht gezogen werden, die einen vollen Bewegungsspielraum nicht mehr zulassen.

Rumpftiefbeuge:(Rumpf-Hüft-Bereich)
Die Testperson steht mit geschlossenen parallelen Füßen auf einem Stuhl oder Bank, an denen ein Messbrett befestigt ist. Die Testperson beugt sich nach vorn unten und versucht, mit den gestreckten Fingern so weit wie möglich an der Messskala nach unten zu kommen und dort für 2 sec. zu verharren.

☞ Nicht nachfedern ! Auf gestreckte Knie-gelenke achten !

Testbewertung:
Gemessen wird der in tiefster Vorbeuge erreichte Wert in cm. An den Fußspitzen liegt der 0-Wert. Werte unter 0 (z.B.-3cm) sind negativ zu bewerten und alle Werte, die über die 0 hinausgehen, sind posiv zu bewerten.

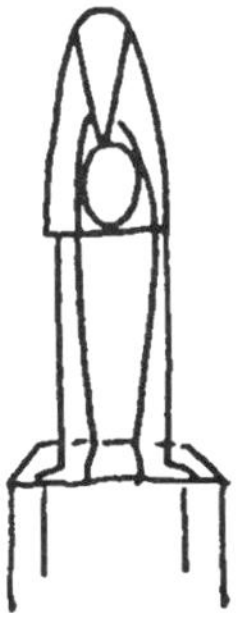

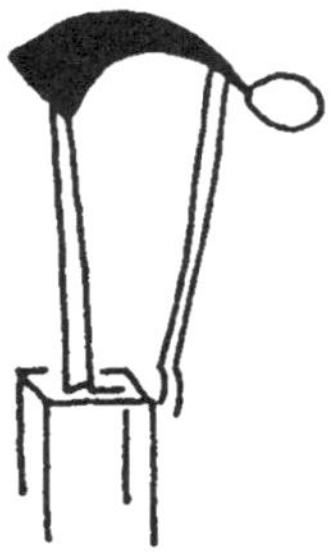

# Hinweise zur Literatur

Autorengruppe:
Beiträge zur Theorie und Methodik des Trainings; Lehrmaterial zur Sportwissenschaft; Zwickau, 1990

Beuker, Friedrich:
Fitness - Heute; Standortbestimmungen aus Wissenschaft und Praxis; Erkrath, 1993

Bittmann, Frank:
Körperschule; Rowohlt Verlag; Reinbek, 1995

Bös, Wydra, Karisch:
Gesundheitsförderung durch Bewegung, Spiel und Sport; perimed - Fachbuch -Verl.-Ges.;Erlangen, 1992

Bube, H. et al. :
Tests in der Sportpraxis. In: Theorie und Praxis der KK. 15 (1966) 5

Dassel, Hans; Haag, Herbert:
Circuit-Training in der Schule; Verlag Hofmann; Schorndorf, 1978

Döbler, Erika und Hugo:
Kleine Spiele; Volk und Wissen; Berlin, 1989

Grosser, Manfred; Starischka, Stephan:
Konditionstests; BLV Verlagsgesellschaft mbH; München, 1986

Helmer, Dr. Gerd:
Hilfe bei Streß; sportinform Verlag GmbH; Oberhachingen, 1989

Hermann, Hans-Dieter:
Psychologisches Aufbautraining nach Sportverletzungen; Zürich, 1994

Hofmann, Helmut; Grundmann, Günther; Pausch, Christian:
Übungssammlung für die körperliche Grundausbildung; Volk und Wissen; Berlin, 1984

Hotz, Arturo:
Qualitatives Bewegungslernen; Zumikon/Schweiz, 1986

Jockl, Helga:
Fitness für Körper & Seele; Stedtfeld Verlag GmbH; Münster 1990

Kos, Bohumil; Teplý Zdenêk:
1500 Fitness-Übungen; Sportverlag; Berlin, 1990

Kosel, Andreas:
Schulung der Bewegungskoordination; Verlag Karl Hofmann; Schorndorf, 1993

Lenhart, Dr.med. Peter; Seibert, Wolfgang:
Funktionelles Bewegungstraining; sportinform Verlag GmbH; Oberhaching, 1991

Rammler, Hubert; Zöllner, Herbert:
Spiele - wozu? Limpert Verlag GmbH; Wiesbaden, 1988

Reichel, Hilde-Sabine; Seibert, Wolfgang; Geiger, Dr.med. Ludwig:
Präventives Bewegungstraining; Gesundheits-Dialog Verlag GmbH; Oberhachingen, 1995

Stumpp, Ulrich:
Spielerisch zur Kondition, über 100 Trainingsspiele zur Verbesserung von Ausdauer, Schnelligkeit, Kraft und Beweglichkeit; Niederhausen/Ts. ; Falken, 1991

# Deutsch

## Stundenbilder

362 **7. Schuljahr** ✍ 38,90
*30 StB, 40 AB, 33 FV, 160 S.*

363 **8. Schuljahr,** *Neubearbeitung* ✍ 36,90
*24 StB, 160 S.*

401 **9. Schuljahr,** *Neubearbeitung* ✍ 36,90
*26 StB, 148 S.*

## Deutsch integrativ

942 **7. Schuljahr** *118 S.* ✍ 32,90
943 **8. Schuljahr** *150 S.* ✍ 37,90
944 **9. Schuljahr** *160 S.* ✍ 39,90

## Kopierhefte/Rechtschreiben
*für Freiarbeit, Übung, Differenzierung*

487 **Rechtschreiben 7.-10.,** *96 S.* ✍ 29,90

**Nachschriften/Diktate** UP
*mit abwechslungsreichen Übungen zu den einzelnen Nachschriften, Arbeitsblättern zur Überprüfung des Lernerfolges und weiteren Arbeitsmaterialien. Die Texte greifen Themen aus den Sachfächern auf.*

906 **7./8. Schuljahr,** *96 S.* ✍ 29,90
907 **9./10. Schuljahr,** *96 S.* ✍ 29,90

## Sprachlehre

434 **Sprachlehre 7.-10.** ✍ 35,90
*Neubearbeitung, 41 AB, 15 FV, 136 S.*

483 **Sprachlehre KP 7./8.,** *96 S.* ✍ 29,90
486 **Sprachlehre KP 9./10.** i.V.

## Aufsatzerziehung

864 **7./8. Schuljahr** ✍ 39,90
*mit Stundenbildern, 160 S.*

865 **9./10. Schuljahr** ✍ 39,90
*mit Stundenbildern, 160 S.*

911 **Kreatives Schreiben 7.-10.** ✍ 29,90
*Techniken, Tipps, Schülerbeisp. 96 S.*

976 **Aufsatz - mal anders 7.-10.** ✍ 27,90
*80 S.*

482 **Aufsatz Spaß 7./8.** ✍ 27,90
*Kopierheft, 80 Seiten*

485 **Aufsatz Spaß 9./10.** ✍ 29,90
*Kopierheft, 96 Seiten*

## Begleithefte zu aktueller Jugendliteratur

913 **Jugendbücher 7./8.** *106 S.* ✍ 29,90
914 **Jugendbücher 9./10.** *106 S.* ✍ 29,90

## Gedichte

427 **7.-9. Schuljahr** 32,90
*122 Seiten, 17 Gedichte z.B. von Kästner, Rilke, BrittingTucholsky, Fontane, Bachmann, Eichendorff...*

510 **10. Schuljahr** ✍ 27,90
*92 Seiten, 16 Gedichte z.B. von Goethe, Hölderlin, Benn, Brecht, Celan, Hesse, Heym, Huchel, Kästner, George...*

## Literatur/Lesen

570 **Kurzgeschichte Band I** ✍ 32,90
*Texte v. Borchert, Böll, Lenz, Gaiser, Dürrenmatt, Langgässer...*
*120 S., 15 StB, 20 AB, 13 FV*

826 **Kurzgeschichte Band II** ✍ 32,90
*Texte v. Eich, Schnurre, Bender, Andres, Borchert, Böll..., 124 S.*

571 **Erzählung** ✍ 31,90
*Texte v. Lenz, Kasack, Brecht, Greene, Aichinger, Turgenjew..., 104 S., 16 AB, 12 StB, 12 FV*

572 **Fabel/Parabel/Anekdote** ✍ 38,90
*160 S., 22 StB, 23 AB, 23 FV*

573 **Märchen/Sage/Legende,** *176 S.* ✍ 41,90

574 **Satire/Glosse.../Schwank** ✍ 29,90
*96 S., 13 StB, 14AB, 14 FV*

577 **Novelle** ✍ 37,90
*152 S., 5 Novellen von G. Keller, J. Gotthelf, G. Hauptmann, A. v. Droste-Hülshoff, E.T.A. Hoffmann*

578 **Roman** 38,90
*176 S., Abenteuer-Roman, Jugend-Roman, Zukunfts-Roman, Kriminal-Roman, Entwicklungs-Roman, Gesellschafts-Roman*

579 **Lyrik** ✍ 35,90
*136 S., 18 Gedichte von Mörike, Hesse, Brecht, Fontane, Goethe, Schiller, Kaschnitz, Jandl...*

580 **Texte aus den Massenmedien** ✍ 36,90
*144 S., Kommentar, Nachrichten, Reportage, Bericht, Werbung - aus Zeitungen, Magazinen, TV, Rundfunk*

581 **Triviale Texte** 38,90
*Merkmale, Figuren, Handlungsschemata und Wirkung von Groschenheften, Western, Krimis, Arzt- und Heimatromanen, Comics im Vergleich mit literarischen Texten, 175 S. 23 AB, 19 StB, 20 FV0*

# Mathematik

## Stundenbilder

340 **7. Schuljahr** ✍ 39,90
*Dezimalbrüche, Prozentrechnung, Terme/Gleichungen, Größen, Proportionalität*

341 **8. Schuljahr** ✍ 39,90
*188 S., 22 StB, 60 AB, 22 FV*
*Taschenrechner, Prozentrechnung, Zinsrechnung, Gleichungslehre,...*

342 **9. Schuljahr** ✍ 39,90
*200 S., 26 StB, 63 AB*
*Geschwindigkeitsaufgaben, Verhältnisrechnung, Gleichungen,...*

## Geometrie

343 **7. Schuljahr** ✍ 34,90
*Dreiecke, Vierecke, Gerade Prismen, 134 S.*

344 **8. Schuljahr** ✍ 35,90
*150 S., 24 StB, 42 AB*
*Vielecke, Kreis, gerade Körper*

345 **9. Schuljahr** ✍ 35,90
*146 S., 15 StB, 47 AB*
*Konstruktionen, Pythagoras, gerade und spitze Körper, zusammengesetzte KörperÜbungen und Rechenspiele*

## Lernzielkontrollen
*Proben in Mathematik und Geometrie*

328 **7.-9. Schuljahr,** ✍ 27,90

## Mathe-Kartei 7.-10. Schuljahr
*Übungsaufgaben mit Lösungen zur Lernzielkontrolle, Wiederholung, Partner- u. Freiarbeit*

854 **Zuordnungen/Einführung** 23,90
897 **Zuordnungen/weiterf. Aufgaben** ✍ 23,90
855 **Größen/Rationale Zahlen** 27,90
830 **Prozentrechnen/Einführung** ✍ 29,90
856 **Prozentrechnen/weiterf. Aufgaben** ✍ 24,90
899 **Bruchrechnen** 19,90
915 **Regelmäßige Vierecke** 24,90

# Konzentration/Denksport

*Geistreiche und vergnügliche Denkspiele, nicht nur für den Mathematikunterricht*

873 **Gripsfit 7.-10. Schulj.,** *78 S.* 26,90

# Religion

## Unterrichtspraxis Kath. Religion

918 **Religion UP 7.,** *144 S.* ✍ 36,90
623 **Foliensatz zu Religion 7.** 39,90
919 **Religion UP 8.** *130 S.* ✍ 34,90
618 **Religion UP 9./10.,** *144 S.* ✍ 36,90

# Ethik

## UP nach Themenkreisen

614 **In sozialer Verantwortung leben und lernen** *110 S.* ✍ 31,90
615 **Weltreligionen unter religiösen und sozialethischen Gesichtspunkten** *120 S.* ✍ 32,90
616 **Nach ethischen Maßstäben entscheiden und handeln** *88 S.* ✍ 28,90
617 **Ethische Grundfragen in der Literatur** *102 S.* ✍ 29,90

# Erdkunde

## Stundenbilder

331 **Asien und Afrika** ✍ 39,90
*160 S., 19 StB, 30 AB, 18 FV*

333 **Amerika** ✍ 39,90
*Topographie,...160 S.*

330 **Entwicklungsländer** 35,90
*138 S.* ✍

332 **Naturkatastrophen** 36,90
*144 S.* ✍

870 **Russland/GUS** ✍ 28,90
661 **Folien zu Russland/GUS** 39,90
*9 Farbfolien, 36 Schwarzweißfolien*

# Geschichte

## Stundenbilder

312 **Neuzeit bis Ende 18. Jahrhundert**
*176 S.* ✍ 41,90

673 **Folien zu Neuzeit bis 18. Jahrh.** ✍ 39,90
*9 Farbfolien m. ca. 40 Abb.*

831 **19. Jahrhundert u. Imperialismus**
*112 S.* ✍ 32,90

832 **I. Weltkrieg u. Weimarer Republik**
*128 S.* ✍ 34,90

✍ = **Neue Rechtschreibung**